进化? 退化?

神化?

卫道 著

进化？退化？神化？
Evolution? Degeneration? Creation?

作者 Author: 卫道 William Ho
出版者 Publisher: 基督使者协会 AFC
出版日期Date: 2003年08月
ISBN: 1-882324-39-0

1997年06月 初版	Vancouver CCSTMTC	
1998年08月 二版	Vancouver CCSTMTC	
2002年11月 三版	AFC	5,000
2003年08月 四版	AFC	10,000

发行处 Distributor:

AFC, Chinese Simplified Script Literature Dept.
P. O. Box 280, Paradise, PA 17562-0280, USA

电话 Phone: 717-687-0506　传真 Fax : 717-687-8891
Toll Free: 888-462-5481 (美国境内免费电话Toll Free in USA Only)

网址 Website http://www.afcinc.org
电子邮箱 E-mail: mclit@afcinc.org

English version also available.

序 言

现代人对信仰宗教，一般有两种态度:或是漠然地认为宗教是一种心理寄托、可有可无、各适其适;或是以宗教为迷信、无科学根据;浅之麻醉人心，深之荼毒人民、伤人害命，是多少人类战争的导火线。人类历史中，主流的宗教无可否认总是劝善的，其中虽有旁门左道、唯利是图、愚民害德，然而一般的宗教，总是用心良好的。

耶稣基督的福音是否是一个宗教? 这福音与众有何不同?

我们是追求一个真理，就是这宇宙到底有没有一位造物主? 真的造物主是谁? 客观来说，无论一个人觉得有没有需要，这问题总是切身的，就如人该喝水、汽车该喝汽油，反之两者都会死亡。谁说的? 自然是造他或它的那一位。每一部汽车都有造车厂给它的特性和功能，这是理所当然的;同样，人应该有一个更美满的生命，而自己却不晓得，是多么可惜!

我们是追求一个不同的生命。肯定了谁是真的造物后，我们就可以问;肉身的死亡是否是人生的终局? 死后的世界是如何? 我们如何可以在那世界生存?

我们是追求一个爱的关系。人生需要爱，但是这世界却越来越少爱，或者越爱越胡涂。真爱何处寻? 耶稣基督的福音是讲到真神造物主的，愿意与我们建立爱的关系。这一切的关键都是:到底有没有造物主? 我们能用科学的理智来认识他吗? 自短宣中心主办的《真理报》创刊以来，兄弟被邀主笔"科学与真理"一栏，分享关于以上题目的心得，共二十六期。如今承蒙短宣中心收集成册，只愿读者可以得到帮助，认识真理。

"耶和华（对假神）说:你们要呈上你们的案件，雅各的君说，你们要声明你们确实的理由。可以声明，指示我们将来必遇的事，说明先前的是甚么事，好叫我们思索，得知事的结局，或者把将来的事指示我们"(以赛亚书四十一章21-22节)。让我们看看科学证据是否支持这话。

再版序

自从温哥华短宣训练中心，帮我出版了《进化？退化？神化？》以来，神继续不断地使用不同的弟兄姐妹一起同工。我们也看到神如何使用了这本小书。关于创造与进化的讨论，我们一向认为，亲自到现场考察比较真确。过去几年，神也给我们机会到世界不同的地方去事奉，因此我们可以到当地考察，研究它们的起源。特别是北京人和尼安塔人的文物重点。这次本书再版，使我有机会加上这些内容。在此，特别谢谢下列各机构、诸位同工、和弟兄姐妹们：

温哥华短宣训练中心：洪顺强牧师，Uncle Ming
基督使者协会：陈何慈柯，Jim Brubaker
锦绣宣道会：徐惠扬，萧清松
Lawrence Lee

卫道
2002年8月

目 录

（一）实验科学与真理

哲理与真理

这是个科技的世代。现代人谈论真理总离不了要求科学的证据。有些人很自然地把实验科学的精神与唯物主义混为一谈，认为所有超自然的事迹既然不在唯物主义范围内，自然是实验科学所不能证明的，甚至是可能被推翻的！其实唯物主义及其相对的唯心主义，早在公元前一百年已是希腊的当代哲学。比如有关万物的来历：当时的唯物论（以彼古罗 Epicurean）相信：〝万物是由原子偶合相碰而成的〞。这论调与现代的进化论之基本观念相同。至于当时的唯心论（斯多亚 Stoic）则相信〝万物就是造物主〞，换言之，造物主在万物之中。两者都是一种理论，各有它的道理。

科学与理性

现代人要求科学上的证据，以科学理智来衡量一切，自然是有原因的。这一百年来，人类历史经过多少惨痛的变故，都是人杀人，因人祸而死的群众远胜过从天灾而死的数目。其中许多是起因于某些理论、主义、信仰或宗教。借用一位年青学者的话：〝我们被骗了一次，恐怕会被再骗。〞理论纵然讲得头头是道，其实也只是一套幻想，最后发现被骗了。不一定是那告诉你的人要骗你，可能他自己也被骗了。

实验科学

实验科学的方法自十七世纪的科学家〝贝康〞（Francis Bacon）阐明之后，科学界一直沿用着。科学一词原义是知识：以客观的观察收集知识而得的结论。其方法先是观察，进而假设，再根据假设而实验。实验的结果与假设不符合，自然是修正假设而重新做实验了。如此重复实验至每做皆准，则形成了理论。理论若从未被推翻，则称为律。例如地心吸力，物理热力学第一定律"质能交替不灭"。物理热力学第二定律"随着时间的过程，熵度（混乱状态）会增加"。简单一句话，绝对的实验科学要求历史的重演。两份氢一份氧，燃烧成为一份水气，这实验一百多年来从中学到博士，做了不知多少次，屡试不爽。这就是实验科学。

证据科学

但在某些事上要求历史重演的实验科学是不合理的。例如某人要证明他父亲是其亲父。历史重演自然是不可能的。目击证人（医生）是一个可能性，但是在科学上，目前倒有个好办法：父子细胞染色体（遗传基因）的检验。当初胎儿成孕时，他的染色体一半出诸父亲，一半是出诸母亲。多年来他的细胞分裂时都带着他父亲那一半的染色体。这是父亲在他身上留下的证据。其实进化论也是这样求证的。要求进化论历史重演是不合理的。因为它需要漫长的时间。据进化论目前的估计，从猿进化到人需四百万年。谁能活那么久去观察这实验的历史重演呢？所以这要求实在是不合理的。但是同样地、称进化论为绝对实验科学的事实、也是不合科学的方法及原则！进化论只是假设有些原则，因此有些推理，从此可以预测一些现象，然后在物质的世界找这些现象的证据。这是证据科学。

《圣经》的挑战

与进化论相对的自然是创造论。基督徒的《圣经》介绍给我们一位造物主。他自称是自有永有的。他的挑战："自从造天地以来，神的永能和神性是明明可知的，虽是眼不能见，但借着所造之物，就可以晓得，叫人无可推诿。"（罗马书一章 20 节）人类在宇宙中是小于微尘，无人能以肉眼见到创造主，一点不足为奇。但他说从所造之物就可以晓得，而且是叫人无可推诿的。电也是至今无人见过，但是我们却可研究它的结果而知有电。若有造物主，他创造时并无人在，他如何创造也无人可知。他若将创造的原则叫他仆人们写下来，同样也有一些推理，因此也可以预测一些现象。他若是真的造物主，就必能在物质的世界找到这些现象的证据。这也是证据科学。

我们会在以后的文章中作出更多的观察与比较。

（一）实验科学与真理

(二) 起 初

(一) 基本原则

从科学的证据来研究物质世界的起源，目前流行的理论莫过于进化论了。我们已经指出，进化论并不能作为绝对的科学事实，只是一种证据科学而已。自从达尔文复兴古希腊唯物论者的看法至今，进化论随着科学的新发现，已经有不少的修改。——的比较并不在本文的范围之内。但是进化论的则仍是根据如下：

1、万物之形成由于巧合，机运性质的过程，所以并没有设计者。
2、这过程是由最基本的原子开始（即是氢气），经过漫长的时间进化至如今之复杂程度。
3、地球上古今之变化一贯，速度一样。现在就是过去的钥匙。

圣经的原则却是：

1、万物的形成证明有位设计者和发动者。
2、宇宙万物被造时是完全的，并且生物各从其类，只是后来有死亡的因素进入世界，从此这物质的天地渐趋下坡。
3、地球上曾有极剧烈的变化，形成今日所观察到的地质上的现象。

(二) 大爆炸与能源

无神论者与进化论者看天地的起源，目前最流行的学说莫过于"大爆炸"了。他们相信这是发生在很遥远的年代，只是科学家看法不一致，这年代的估计长及二百亿年。最大的原因是他们假设的数学计算，是以巧合经过无数的机运，碰出今天复杂的天地。事实上，甚至最微小的一个生命的遗传基因之形成，如果根据巧合与机运，其成功的可能是微乎其微，在数学上等于零。所以进化论自然要求极漫长的时间了。

"大爆炸"本身就是个数学上的推测；如今更是问题重重。"大爆炸"是否可以造成如今之天地？我们且引用一位原先提倡"大爆炸"的科学家海尔（Fred Hoyle）所说的话来回答（他并不是基督徒）："高等生物从此（大爆炸）而出现之可能性，犹如一个旋风扫过一个汽零件厂而从中飞出一架波音七四七。"（Nature Vol.294，Nov.12，1981，p.105）

《圣经》说："起初神创造天地"（创世记一章 1 节）。我们翻译作"神"或者"上帝"一字，原文有"大能者"或者"能源"之意，所以圣经称他为"烈火"（希伯来书十二章 19 节），是"众光之父"（雅各书一章 17 节），"住在人不能靠近的光里，是人未曾看见，也是不能看见的。"（提摩太前书六章 16 节）。

"创造"一词《圣经》的解释是："所看见的，并不是从显然之物造出来的。"（希伯来书十一章 3 节）创造主既是能力的源头，我们所看见的物质世界原是从他无限的能力而形成的。能力与物质之间的交替，这是二十世纪世纪闻名的科学家爱因斯坦的一个大觉悟。表达在他著名的方程式里：$e=mc^2$，其中 e=能力，m=物质，c=光速。如今物质变成能力，我们到处可见；从汽车烧汽油，以至于核子弹的威力。只是能力变成物质还是不能做到，原因可能是所要求的能力太大了。

《圣经》又说，时间也是造物主所创造的，他是超越时间的限制。爱因斯坦的方程式推论：当速度达到光速（C）时，时间是否就停止了？只是如今人类还不能达到这速度，所以是否如此，还不得而知。但是我们却可以了解，一件事做得多快，全看办事者能力多大。创造者既是能力的源头，他造万物便不一定需要漫长的时间了。

下章我们要探讨一下物质的世界是巧合的或是有设计的？进化或创造的高峰是什么？万物的焦点是在哪里？

（三）巧合或设计

"在进化论的理论中"，巧合是个重要的原则，故此并没有甚么设计者、创造主。这要求不单在起源时如此，从进化过程中一直到如今，都是如此。所以环境是个巧合的发生，例如地球上所以能维持生命所需要之水、氧、氮，氨基酸等等，都是巧合的结果。地球本身也变成一个巧合的产物了，所以可以联想在宇宙中可能另有一个如此的地球。进一步，各种生物的产生是由环境造成的，环境逼出某种生存的本能，也选择出某些有此等本能的生物，让它们可以生存。

狮子桥 有没有设计

《圣经》却强调宇宙是由一位造物主（能力和生命的源头）精心设计的，他创造的目标是地球，他创造的焦点是生命。在《圣经》〈创世记〉的起初八节经文里，作者就简单扼要地列出生命的五个要素：

1、**地**："起初神创造天地。"超越时间的创造主创造了时间。在时间的开始，他预备了生命的材料，就是地里的各种元素。《圣经》描写当时"地是空虚混沌。"原文的意思就是像一团泥还没有塑造出任何东西来。

2、**水**："渊面黑暗，神的灵运行在水面上。"（创世记一章2节）；地原是"从水而出借水而成的。"（彼得后书三章5节），地球上水份之多是宇宙中独一无二的。现代的太空探险所见到的星球，到目前为止，没有一个有如此多的水。水与生命之关系是众所共知的，地球上就算是最干燥的地方，也不是完全没有水的，所以总有一些生物可以从一点点的水份中得以生存。

3、**光**："神说，要有光，就有了光。"（创世记一章 3 节）物质的光与生命的产生，自然有脱不了的关系，这产生生命的光是从能源／造物主那里来的。《圣经》特别强调，因着这光，植物在第三天就造出来了，明显是在太阳、月亮、众星被造之前。《圣经》指明神把这光的功用在第四天归在日、月、星这些光体上。光体在原文是储光的器皿，它本身并不能产生光（能力），在它里面却储藏了被给予它的能力，以供应一些需要，所以它的能力会渐渐地减少。这是科学家观察到太阳上的能力逐渐减少的现象。

4、**分昼夜**："有晚上，早晨，这是头一日"（创世记一章 5 节）《圣经》强调"晚上"，"早晨"，"一日"都是单数的。昼夜之形成自然不是单因为有个光源，这也是因为地球在自转。地球悬于太空的奥秘，圣经早在三千五百年前说明了："神　将大地悬在虚空。"（约伯记二十六章 7 节）地球的自转与生命的关系是显然的，例如月亮不自转，所以一面极热，一面极冷，另外有些星球自转太快，结果在大气层里是个大风暴，木星上的大红点就是个明显的例子。地球自转的速度适中，生命故可生存，这是《圣经》一开始便肯定的。

5、**空气**："神说：诸水之间要有空气。"（创世记一章 6 节）地球被称为蓝色的星球，皆因有大量的水与氧气。大气层里的成份，百分之二十的氧，不到百分之八十的氮，以及其它的气体，正是最适合的比例。三十年前美国医学界闯了一个祸事，就是以为百分之二十氧好，百分之百不是更好么？故此早产婴儿缺氧，就给他们百分百氧，结果不少早产婴儿瞎了眼。地球上大气层的成份是太阳系其它星球没有的，目前的太空研究也还没有找到一个类似的大气层。

生命的意义

这样，生命的意义是什么呢?

在进化论的原则下，生命只是进化的一个过程，它的来源是巧合而成的。在适者生存，弱肉强食的理论下，生是无情的，道德是人为的，个人的生命更是无永恒价值的。人为的制度就可随意决定谁该死，谁该活。所以各人理当以求本身的生存为至上。自我中心变成理所当然，自私自利是必然的现象。

《圣经》所介绍的却是：生命，既是从造物主而来，就有尊严、有价值。《圣经》介绍的造物主名叫"耶和华"，意即"自有永有"（出埃及记三章13-15节），或是"源头"的意思，就是"生命的源头""生命在他里头"（约翰福音一章4节），他又是我们天上的父亲，所以和我们建立的 •• 应当是"爱"的关系。"你看父赐给我们是何等的慈爱，使我们得称为神的儿女。"（约翰一书三章1节）他也是审判主，所以在永恒里，每一个人都需要向他交代。

（三）巧合或设计

太阳系的结构图

（四）生命与无生命

我们已经讨论了无神论科学家所提倡的天地与生命来历的基本原则，对比《圣经》所提供关于天地与生命来历的基本原则。我们强调两者都给我们同样的挑战，就是可以要求从观察物质世界的现象来求证。现在让我们从一些推理来比较两者之间的预测，进而观察物质世界的证据是支持哪一方面。

按照进化论，生命应当从无生命进化而来。所以在达尔文起初提倡进化论的时代，此类科学家还相信所谓"自然产生论"（spontaneous generation）。他们指出一块死肉放在那里可生长出蛆来，一堆破布和一把麦子过了两三周可以生出一窝小老鼠来；这不是生命从死物来么？这种论调如今看来，自然是有它不妥当之处，原因是没有想到外来生命的介入。

现代进化论的看法又有了修改，虽然仍强调生命是从无生命演变而来的。那理论是大爆炸之后（进化论估计在二百亿年前），先有的是氢原子，以后由巧合而碰出比较复杂的元素，再碰出各种的分子。有了地球之后，又产生出各种有机的化学品，其中最重要的自然是"氨基酸"了（amino acids）——生物的基本化学品。这就是所谓"米勒博士的实验"了（Stanley L. Miller, University of Chicago）。根据进化论，这过程是在无氧状态之下发生的，但是"氨基酸"还需要演进至十分复杂的"蛋白质"（protein），最终以致细胞的基本要素："核酸"（nucleic acids, RNA, DNA）。这一切都没有设计者，透过无数巧合的机运而形成的，所以进化论宣称：从地球之产生（进化论估计在四十五亿年前）至第一个单细胞生物之出现，需要十亿年。但是从数学上的计算，单细胞生命凭巧合的相碰在十亿年之内产生之可能性，仍是个微之又微的谜。

《圣经》的预测却完全不同。生命原先是从生命之源头而来（记得：耶和华一名之意即生命之源头），然后生命之三大原则第一是"各从其类"。这样，如今在物质的世界里，我们应该观察到的是：一、生命不能从无生命产生。二、生命必须从同样的生命而产生。

目前科学家客观实验的结果给我们见到的是：
一、生命是什么？如今仍是个谜。但是一个生物是活的还是死的，有很大不同，区别是生命：不能量，不能称，不能分析。
二、"米勒博士的实验"正是阐明了"氨基酸"的产生（这本身离生命还远呢！）都是在有设计的科学实验里造成的。
三、早在十九世纪末，名科学家巴斯特博士（Dr. Louis Pasteur）已从实验上证实生命必须从生命而来，因此推翻了"自然产生论"。巴氏取了一个"长脖子"的玻璃瓶，里面放了肉汤，煮滚了以杀除原有渗杂的细菌，然后塞棉花于"脖子"里，以过滤空气中之细菌的渗杂。结果这汤到如今仍然没有腐臭，留在巴黎的博物馆为念。证明了细菌并非由肉汤里自然产生的，乃是从空气中渗杂在肉汤中繁殖的。巴氏的实验肯定了医学上一个划时代的大原则，成为现代外科、消毒、细菌（微生）学和传染病的基石。巴氏的消毒方法一直到如今还广泛地被运用，仍是一个标准。明显的例子就是市面上牛奶的卫生消毒，仍是宣称用巴斯特的消毒法（pasteurization）。巴氏是一位基督徒。他曾说："我越知道，我的信心越像个单纯的农夫。我若全知道，我的信心必定像个单纯的农妇。"

四、今日的报章时常报导说有科学家创造了生命，其实仔细看一下，只不过是取一个单细胞之内含塞进另一单细胞的外壳而已。正是改头换面，换个包装而已，并没有创作生命。

　　生命，到底是从无生命，凭巧合自然产生出来，还是从生命的源头那里，必须从同样生命产生出来 (却不是赝品)？科学上的证据支持哪一个预测，你自己该看得出吧。

（四）生命与无生命

(五) 物各从其类

我们曾经指出，地球是目前太空发现唯一的绿洲，具备了生命的要素：有地里的元素、水、光、地球的自转，以及空气，在这小小的地球上，生命的确多姿多采，彩色缤纷，真是令人惊叹。

进化论指着生物界和化石的记录作证据，从最微小的所谓"简单的生物"以致所谓"高等的生物"如人类，生命岂不是从简单到复杂吗？《圣经》的原则却是"各从其类"。让我们用一个例子来比较一下两者的预测，看看所发现的证据谁是合乎科学的。

天鹅 各从其类

"各类之间"

进化论强调无设计者，万物的定律进度古今一样，进化乃是依循无数的巧合，透过微小的变化，累积而成的结果，所以要求很长的时间。既然如此,类与类之间应当有无数的"过渡生物"(transitional creatures)，也就是在变化中的生物。举例说，依进化论，飞鸟是从爬虫类进化而来的，我们若观察一下，发现两者之间的差别非常之大：

一、爬虫在地上爬，飞鸟在空中飞翔，飞行是一门相当复杂的科学。科学家数千年来想从飞鸟学习飞行的功课，到如今仍比不上飞鸟飞行的实用和经济。

二、爬虫是冷血动物，飞鸟是热血动物，而且可能是动物中体温最高的。飞鸟飞翔时体温可以超过华氏110度（摄

15

氏 43 度）。体温的控制是个极复杂的过程，牵涉全身的内外分泌，新陈代谢和肌肉与内脏等等。

三、爬虫的表面或是沉重的鳞甲，或是坚韧的皮；而飞鸟的表面却是空心的羽毛。

四、爬虫的骨头沉重而结实，而飞鸟的骨头却是空心的。

我们姑且提供这四大分别吧。按进化论，爬虫进化到飞鸟既是要经过无数的小变化（鳞甲忽然间变成羽毛是神迹，不是进化），数学上的要求自然是要发现有无数的变化中之生物了。我们若是假设这四大分别可拆开成为一百个小分别（事实上从生物学上的观点是算不尽的），则预测会有变了一点、二点、三点等等的生物。并且，譬如在变了十点的生物也可以有不同的组合，不一定是一到十的，可以：1，3，11，25，34，56，69，73，82，97 等等。数学告诉我们这样爬虫和鸟之间的"过渡生物"可以有"100！"类（意即100X99X98X97X.......X1 类），而且各类的数目应当相当平均。

"《圣经》的理论"却是截然不同，《创世记》第一章强调了"各从其类"十次。各类的生物是为它的环境而被造的，所以造物主赋予其特别的本能在它的环境中生存，这些本能早已设计在这生物的遗传基因里，以应付它环境中一切特别的情形。在不同的需要下，那些本能便发挥出来了，所以类与类之间有不能跨越的鸿沟。预测的结果是：

1、没有"过渡生物"，更不必说无数了！

2、生物界应当是井井有条的，各从其类。

3、不同类的生物不能配合产生后代。

4、男性和女性是为彼此而造的，所以虽然在结构上有很大的分别，基因上却是互相配合的。

5、在同一类的生物之间，虽然可以有不同表面上的分别，但是却可以交配生产后代。

6、在不同类的生物里，可以有类似的器官或类同的功能，这表明都是来自同一位设计者。例如不同的房屋可以用同一样的门。

7、表面上看来"简单的生物"可能有些器官，比较所谓"高等的生物"的还复杂。

"科学证据"给我们看见的是：

一、生物明显是各从其类，并没有甚么变化中的"过渡生物"。正因如此，生物学的分类学（taxonomy）才有可能。分类学的鼻祖，法国科学家兰纳（Carolius Linneaus）是位基督徒。他就是读到《创世记》中"各从其类"的原则，才悟出分类学的观念。

二、化石的记录里没有"过渡生物"，只有"各从其类"，类与类之间有鸿沟的分别。达尔文起初提倡进化论时也承认化石是最反对他的理论的，因为没有"过渡生物"，只是他认为当时所发现的化石不多，以后当发现有更多化石时，就会找到无数的"过渡生物"。然而，一百多年后的今天，化石已是多得连博物馆都无从收存了。卡市（Calgary）附近的化石河谷（Red Deer River Valley），科学家估计有数百万只恐龙的尸骨埋在那里。美国拿洲（Nebraska）的化石鱼以亿计算。但是到如今，化石里仍见不到有"过渡生物"，遑论无数！

三、类与类之间不能配合生产。基因、结构、体温等的各种因素都不能。人和猪生出猪八怪来，只在神话里才有。

四、相反的，同类的生物，外形可能很大的不同，但却能配合生产。例如狗的品种可以有很大的差别，但却可以交配生子。马和驴可以生出骡子，但骡子本身却不能生育。

五、所谓"低等生物"有些器官确实比所谓"高等生物"复杂。例如苍蝇的眼睛比人的复杂。事实上，从地里掘出来的古代生物有不少完全与现代的生物相同。例如：科学家发现古代的蟑螂（按进化论的推论有"三亿五千万年"老）和现在的蟑螂结构一样，基因也一样。三亿五千万年没有变过，是否蟑螂已进化臻于至善?! 还是蟑螂受造本是如此，并没有变过?

下章我们继续观察生物界一些有趣的事实。

生命树　北京古代生物博物馆

（五）物各从其类

（六）变化万千

在空中、陆地上、或是水里面，生命的变化万千，无奇不有，美轮美奂，自古以来，总是个奇观。这变化的本能，进化论学者指出正是支持进化的过程。所谓环境逼成，时势造英雄，适者生存，弱肉强食。这岂不是处处所见的么？

《圣经》的原则却强调各生物起初被造时，原是完全的，因此造物主赋予了不可思议的本能。只是后来因为透过经理（人类）之自恃犯罪破坏了与造物主的关系，以致死亡的因素进入了世界。所以生物的变化只有走下坡，并无进步。

遗传基因突变（Genetic Mutation）

在讨论生物之变化时，我们要先解释一下这变化的根源在哪里。十九世纪当进化开始被提倡为科学理论之际，著名的进化论学者拉默（Lamarck）和达尔文（Darwin）都相信生物的变化以至于进化、纯粹是环境造成的。其中一个例子就是长颈鹿的进化了。当时的看法认为长颈鹿原本是短颈如一般的鹿一样，只因地上的青草减少了，必须拉长脖子吃树上的叶子，脖子拉长了的比较能生存，所以留下来了，它们也生下长脖子的儿子来，孙子更是如此，故此渐渐形成今日的长颈鹿！

这种看法如今当然被证明为无稽之谈，一则长颈鹿的长颈并不如此简单，让我们只考虑它头部的血压这一点：它整天抬头低头；一抬头岂不晕了，一低头岂不脑溢血？！原来它的颈项的静脉中有许多的推动器（pump）不断地调节头的血压，保持正常。所以后天的环境并不能叫生物逼出本来它没有的本能，这本能必须原先在它的遗传基因库（gene pool) 里就有了的，是否有机会表达是另外一回事。

　　一个长脖子的例子可以见于中泰边疆的一族山胞。他们的女子以长颈为美，所以自小以铁环木环套在脖子上，真的把脖子变得长长的，但是生下来女儿依然故我，还是正常脖子，要长脖子，还得从幼套环！因为遗传基因限定脖子就是如此，长脖子只不过是人工造成的而已。

　　所以现代科学发现：一个生物若从生下来就有与祖宗不同的特色，改变必须是从遗传基因开始。这基因正如计算机的程序（软件 Software），决定了所产生的结果。这基因原是两条核酸螺旋而成（double strand DNA helix），其结构犹如一条长的绳梯，每段梯次接连处，可以有四种不同的核酸之选择。分子生物学家（molecular biologist）估计，单单一条基因可能有超过一千万段至二百亿段如此的梯次，所以其组合的复杂性不可思议，至今仍是基因科学家研究不完的大题目。

　　而上述四种不同核酸的选择与先后次序，只要有一点变动，就可以影响生物的特性与表现。这基因上的改变可以在细胞分裂时发生，称为"遗传基因的突变"（genetic mutation）。

按照进化论：

一、虽然承认突变多数是对生物本身不好，但是有些是好的，使生物比较能生存，意思是能传代，不单能生子，也必须能够生孙！所以进化论预测在生物界，我们应该观察到如此有益的突变。

二、此等突变累积起来，就产生了更优良的品种，甚至形成了新的种类。换一句话说，是进化了。

《圣经》的看法却是相反。

一、既然本来创造的是完全的一百分；后来又有了死亡与退化败坏的因素进入，任何的变化只能走下坡，99 分，90 分，80 分，总是不及 100 分的。所以真正基因的突变可能无益于生物。生物适应环境时所表达出来的变化，只是本来存在的潜能，目的在保存本类，并不是新的突变。

二、新的种类也不可能产生，只有绝种的现象。

物质上的证据我们见到：

一、到如今，科学家发现的基因突变，没有一个是真的有益于生物的。一个例子就是果蝇，就是水果腐烂时常见的小苍蝇，这可怜的小生物是遗传学的宝贝，因为它十一天就产生一代，所以用来观察基因突变甚有用。几十年来，全世界多少科学家用各种辐射线、紫外线、化学品来打它，不知产生了多少代的基因突变，观察后的结果，却是各种畸形的果蝇：头大头小、腹大腹小、瞎眼、瘸腿、翅膀不全、生存力比野生的原有果蝇有减无增。

二、医学上，太阳光的紫外线照在皮肤上，引起皮肤细胞分裂时产生突变，结果是皮肤癌。这样的人焉更有生存力吗？一切的癌症基本上都是突变，抽烟多了，烟里的沥青刺激肺支气管细胞产生突变，形成肺癌。吃太多烤肉，里面的化学品刺激大肠的细胞产生突变，形成大肠癌。

三、生产年龄的妇女为何要避免特别是下半身的爱可斯（X）光？因为生殖细胞一照之下可能产生突变；并不可能突变出天才儿童，只能产生畸形或低能儿童。唐氏综合症的低能儿童（Downs Syndrome，前称为蒙古症）就是因为第二十一对染色体多出一条来，这种孩子的寿命比一般人短，很少活到三十岁。

四、动物园里我们看不见不断有新种类的出现，诸如 1993 年的新类，非鸡非蛇；1992 年的新类，非猫非狗！相反的，我们只见到不断有绝种的现象。古代化石的纪录叫我们见到古代的种类与品种比现代多得多了，现代的历史也

（六）变化万千

叫我们见到生物绝种仍是一个不能遏止的趋势。自然人类滥用资源，污染环境是个重要因素，我们中国的大熊猫面临绝种就是一例。据报导，四川大熊猫特区的竹林有开花结果的现象，以前时代大熊猫可以移到附近的山头，直等到原山头的新竹长起来，但如今附近的山头都成为农地了，正是走投无路，可怜哉!

下章我们讨论物竞天择的理论。

（六）变化万千

（七）物竞天择

"物竞天择，适者生存，弱肉强食"这是现代生物学的口号，不知不觉地，它却成了现代社会学的口号，所谓"长江后浪推前浪"，不能追上时代，自然要被淘汰了。

在人类信息进步的累积之下，"后知后觉"或者甚至"不知不觉"，当然会使一个人、民族或者国家处于不利的条件。但是在生物界，到底什么是天择？是否下一代总比上一代能适应生存吗？生物到底是互相竞争排挤，或是可以互助生存？这世界是否永远都是战场？"爱"是否就是弱者的表现吗？

适者生存

生物在不同和困难的环境中可以有出奇的表现以致生存，是生物界不断见到的奇观。在美国死谷（Death Valley）的盐湖里，那里的水可以使人眼瞎皮伤，但其中却滋生了很多小虫。在德州墨黑的山洞里（Carlsbad Cavern）也生存着一种瞎眼的小鱼。在南非酷热的沙漠里，有无数的小生物生存在其中，他们的水份全靠黄昏的露水。这些生物生存的本能和力量叫人惊叹不已。

进化论告诉我们这就是进化的证明了：特别的环境逼使这些生物突变出特别的技能，可以适应恶劣的环境，那些不能适应恶劣环境的生物就被淘汰了。但是关键在这些本能，到底是新产生的，还是本来就有的潜能呢？

在书本里讨论不少的一类生物，可能就是属英国的灰蛾（Peppered Moth）了。在英伦工业革命以前，一般的树木，如白杨类，颜色比较清白，这种飞蛾的颜色也趋向灰白色。工业革命以后，空气污染，树皮变黑，飞蛾的颜色也跟着变成黑色了，生物界称之为保护色。进化论指出这是生物适应环境，进化出新的特征的证据。

其实在仔细地研究观察下，发现工业革命前，飞蛾早已有白的也有黑的，只不过在灰白的树皮上，黑蛾比较容易被飞鸟吃掉，以致白蛾的数目相形下较多。工业革命之后，树皮黑了，白蛾就比较容易被吃掉，结果黑蛾的数目便占了大多数。无论如何，飞蛾总算可以留种了。到底有什么新的变化没有？况且，如今发现，当伦敦的空气因为环保而干净之后，树皮恢复灰白色，白蛾的数目又再增加了，证明黑白两色本是灰蛾的潜能，好叫它无论在任何不同的环境中，都可保留余种。"这是圣经的预测"：神起初所造的原是好的，虽然后来死亡败坏的因素进来了，生命赋有的潜能仍然叫生物尽量地保留余种，这些潜能在特别的环境中，被发挥出来了。

物竞天择 (Selection)

生物界给我们见到的是否如进化论所说的互相争竞，还是互相帮助呢？其实一个简单的例子就是动物和植物的呼吸。动物吸进氧气呼出二氧化碳；植物吸进二氧化碳，呼出氧气，正是互相帮助。神当初创造动物都是不吃肉的，人也是如此。生物各有美好的环境，和平相处，称为伊甸乐园，及至人类的自作主张，不要创造主，而引进败坏的因素，世界才有今日各种不完全之处。

这样"天择"是什么呢？按照进化论，"天择"应该有创造性，故能生存。事实上，我们在前一章已经指出所有的突变，目前没有发现一个是好的，突变过的生物只会比较不能生存。我们刚才也指出，会适应环境的本能只是原先有的潜能（基因库 genetic pool）的表达，并非新变出来的。这样，现实世界里的天择只是把突变过的生物淘汰掉了，或者在不同的环境中、使用一向没有表达的潜能来保存余种。

野生动物家近年才悟出这原则。有一个时期，培植群队动物（herds）如斑马、羚羊、鹿等的原则，是使它们与天然捕获者（natural predators）隔离。即与狮、豹之类隔离。谁知后来发现反而叫群队的整体之健康衰退，原因是伤残、病患、以及畸形的动物增加了。与天然捕获者接触却把畸形的动物淘汰了，得以保存本来群队品种的优秀。明显"天择"是有维持、保护原本之品种的功用，并不是创造新的优秀品种。

"物竞"的心态，"弱肉强食"的哲理，在人类社会里种下不知多少的毒害。从种族歧视、殖民地主义、战争侵略、以致消灭异族、或是国与国斗争、互相仇杀，人类历史的惨剧不胜枚举。其实神造人类，本来不单是完全的，而且要在爱里与他交通，也彼此交通。这美丽的计划已被我们的任意偏行破坏了，但是如今，因着神的恩典，我们还可以尽量保持现有的光景，这就是所谓"环保"了。相信进化论的人，不应该，也不会执行"环保"的，因为在"弱肉强食"的原则下，应该让生物自生自灭。

（七）物竞天择

(八) 地球有几十亿年老么?

古语说:"天长地久"。地球到底有多老? 这是个又有趣又切身的问题。研究宇宙与人类起源的科学家都不得不面对这个问题。生活在这物质的世界,人类始终不能摆脱时间的限制。地球的历史、自然影响我们对这太空的绿洲,蓝色的星球,有不同的看法。

每年都有的"地球日"就是提倡保护我们这独一无二的小天地。它是如何形成? 它存在有多久? 地球上的证据、地质上的形态、埋藏在地里的化石、冰封在两极中的古代生物、高山峻岭、深渊峡谷等;这一切能给我们甚么启迪呢?

我们居住的地球

年龄的计算

事实上,年龄的计算,要用科学的方法求证,实在不简单。比如:我问你几岁? 你说"三十五"。我问:"你怎知道?" 回答自然是用出生纸证明了。这是用历史目击证人的方法。因为当时有你父母、有医生、接生妇等作证记载下来。但是如果没有目击证人,比如,警方找到不知名之尸骨,就难以肯定死者之年龄了。但另外一个办法是根据我们所观察到的、正常人类成长过程的里程碑,用以比较在尸骨上、所可以观察到的现象去判断。这第二个办法假设了我们已经观察过同样生物的成长过程,并确定了比较的标准。

用上述两种方法来推算地球的年龄,都有实际的困难。

一、从人类的观点,地球产生之时,并没有人类,所以没有目击证人。

二、 人类不能也从来没有，观察过一个同样的星体，从产生
　　至消灭的过程，所以并没有一个绝对的标准，可以让我
　　们作比较。

有四十五亿年老么？

　　"四十五亿年"这个的数字是如何产生的呢？有些科学家提供了一些计算方法，其中值得一提的是：辐射性元素衰退的所谓绝对计算法（radiometric dating or absolute dating method）

　　这名称听起来高深，但其中原理是大家都可以了解的。地上的对象多含有少量的辐射性元素。这些"母元素"会变成另外一种元素"子元素"，这是所谓"衰退了"（decay）。科学家观察到这衰退的现象、就计算了这衰退的速度，称之谓"半衰期"。意即在此段时间内，有一半的"母元素"已变成"子元素"。一个常用的放射元素就是"铀"238，原子弹的原料。"铀"238（母元素）衰退后变成"铅"。它的半衰期估计是40亿年，意即一块石头从地出来40亿年之后，它的含铀238即有一半变成了铅。

　　要了解"绝对计算法"，或者可以用一个简单的比方。假设我一个人在一间房子里看书，诸位进来时作了一些观察。

一、 你们进来时，我正看完了第一千页。

二、你们进来后观察到我看书的速度是一分钟看一页。从这两个观察，你们要计算在你们没有进来以前，我在这房间里看了多久的书。如果你的答案是"一千分钟"的话，基本上就是类似以"放射元素半衰期"的"绝对计算"的结果。

　　我们不须是专家也可以观察到这计算法的问题在哪里，这种计算法起码有三个假设是无从肯定的：

一、"一千分钟"的答案假定了我是从第一页看起的。但是你们既然不在，又怎能知道呢？若我是从第九九九页开始，我可能只在房间里看书一分钟。应用在"放射元素半

衰退期"上，就是假定在鉴定的石头从地里取出来时，只有铀没有铅。这自然不是我们实际上观察到的，因为我们无从知道、任何一块从地里刚出来的石头，是否不含铅的。

二、"一千分钟"的答案假定了你们未进来之先，我看书的速度一直都是一分钟一页，这自然也是不能肯定的。应用在"放射元素计算法"上：我们知道科学家发现"辐射"是从居礼夫人（Madame Curie）开始，才一百多年前。几亿年前铀的衰退速度如何，我们怎能肯定？何况我们知道，环境不同是会影响这个速度的。再者，有些科学家相信、连光的速度都在变动。

三、"一千分钟"的答案假定了没有外来的因素。应用在"放射元素计算法"上，是假定并没有外来的铀或铅渗进被鉴定的石头里；石头里的铀和铅也没有流失。但是石头经过无论是数千年，还是数亿年的风吹雨打，水浸火焚，地层的变动，我们怎能知道它是保持"封闭"呢？

基于上述的三个未知数，"放射元素"的"绝对计算法"曾经在同一块石头上计算出"零"至"三百万年"七个不同的答案，而正确的答案却是二百年；因为这石头是夏威夷一个火山在历史上二百年前喷出的岩浆。

所以有人收集了六十几个实验结果，都是根据以上同样三个假设来计算地球的年龄，其答案从"零"到"四十五亿年"。例一：以地球人口计算，目前每 150 年倍增，追朔回到只有一对夫妻是约四千年。例二：以地球目前磁场衰退的速度计算，追朔回到地球上磁力强如磁星 (magnetic star) 是一万年。

有关以上所谓"绝对计算法"有多绝对呢？为甚么一定要挑选漫长的年代呢？下章我们讨论第二种计算方法。

(九) 恐龙为何是一亿年前的生物？！

关于计算年代，无论是地球或是古代的生物，我们在前一章已经讨论了，所谓"同位素半衰期绝对计算法"(absolute radiometric dating) 之不绝对！但从科学界客观来说，总有互相对证的其它办法。这是合理的态度。正所谓有两点才能成为一条直线！

有些科学家提供的第二个办法是所谓"标准化石"的计算方法。十九世纪末，一些进化论的地质学家在律师兼地质学家赖尔 (Charles Lyell) 之组织下，鉴定了所谓"地质年代柱"(geological column) 的理想进化论的地层年代表：

进化论的地质年代柱

理想地层的假设论：

一、今有化石的地层经由沉淀物一贯速度冲积而成，一百年才冲积一英寸。

二、越"简单"的生物应当是越古老。而"简单"的定义是他们决定的。一般来说越"简单"的生物应当在最低的地层，但不一定会这样。所以一个地层如果被发现含有某种"简单"的生物之化石（例如三叶虫 trilobite），那就算它是很高的地层，它的年代就可以被鉴定为比它以下的地层更古老。以三叶虫为例，进化论定它为五亿年老。

三、每个年代的地层都有它代表的"标准化石"。无论"同位素半衰期计算法"得到什么结果，一个地层的"标准化石"可以肯定那地层的年代。

我们提出的质疑

一、沉淀物冲积的速度不一定是千古不变的。海啸、风暴、火山爆发给我们看见冲积速度之变幻无常。因此在世界各地常有发现化石的树木，或者鲸鱼之类的巨型生物矗立在数十英尺地层里。用进化论地质学解释，即是这树木或生物一柱擎天的站着几千年，下面慢慢化石，而上面仍然保持着不腐化！实在十分不合理。著名的黄石公园（Yellow Stone National Park），就有一些这样连根站住的化石树，高达二十尺。沉淀物冲积的速度，不一定是千古不变的。在水灾时又如何呢？有否可能这些沉淀物是在很短的时候冲积下来？

二、古生物学家研究"三叶虫"，发现它的眼睛像苍蝇的复眼，比人类的眼睛还复杂。是进化了，还是退化了？还是各有千秋，各从其类？进化论武断的结论引起不少难题。瑞士的名山"号角山"（Matterhorn）就是一例。此石头山按进化论地质学是二亿年老，却座在六千万年老的地层上。叫它吊在半空一亿六千万年自然是不合理，所以地质学家说它是从三十至六十英里外移过来的，但是周围却没有丝毫的痕迹，岂非"愚公移山"！

三、进化地质学层叠美丽的"地质柱"(Geological Column) 到底何处寻？一般人本能性地指出美国的大峡谷(Grand Canyon)。地层被流水冲蚀之深实在莫过如大峡谷了，特别在夕阳或者拂晓站在北崖哨望，蔚为壮观。哨壁上层层叠叠的地层清澈可见，但是却不一定按着"地质柱"的设计。一个明显的问题是"密西西比纪"(Mississippian 按进化论是二亿五千万年老) 地层竟在"寒武纪"(Cambrian)，按进化论是五亿年老地层之下！是的，全世界并没有可找到这"地质柱"的证据，只有在书本里和博物馆里才有。

自圆其说的证据

用较平易的解释，"标准化石"之计算是这样：这里有块恐龙化石，你想它多老，古生物学家会告诉我们："一亿五千万年老，因为是"侏罗纪"(Jurassic Age) 的生物。"问："你怎知？"答："因为是从'侏罗纪'地层挖出来的。"问："你怎知'侏罗纪'是一亿五千万年老？"答："请问地质学家。"地质学家答："我们有'同位素半衰期绝对计算法'"；问："我们已指出这

暴　龙

（九）恐龙为何是一亿年前的生物？！

计算法之不绝对，可以有相当距离的答案. 你怎知要选一亿五千万年老呢？"答："根据'标准化石计算法'凡地层里有这一类恐龙化石者，鉴定必是'侏罗纪'！"

这明显是自圆其说，自相对证的"圆型理论"。用个通俗的例子来说："我是个皇帝，怎知道？因为我太太是皇后。""怎知我太太是皇后？因为他的丈夫是皇帝！"

化石是否真正支持进化论？我们已经指出"达尔文"，他

自己的名句，指出化石中缺乏"过渡生物"。这些生物是否经过数亿年冲积下来，还是可以在一些空前绝后世界性的浩劫里，在短时间里形成呢？！《圣经》告诉我们这世界曾经发生过这种巨大的变动，包括"挪亚"世代的洪水和"巴别塔"世代的陆地分裂。这些变动不一定需要很长的时间，可能只几千年而已。

下章我们讨论一下进化论计算年代的第三个方法，就是"碳十四"的计算法。

（九）恐龙为何是一亿年前的生物？！

瑞 士 号 角 山

（十）朽木能言吗？

过去几篇我们都在讨论计算年代的办法：从"地球有多老？"及"恐龙是否真正是一亿年前的生物？"两文中，我们已经讨论两种进化论学者的计算法，"辐射线半衰期"之所谓"绝对计算法"是何等的不绝对。另外，"标准化石"的计算法，是多么的不标准。原来是个自圆其说的"圆形理论"。所以到如今，用科学方法推算在历史记载以外的年代，严格来说，还是"不知道"。

碳十四计算

但是科学推算年代的方法还有第三个："碳十四"的计算法。基本上这也是"辐射线半衰期"的计算法。因为"碳十四"乃是正常碳（十二）的同位数。计算办法简单来说是这样：

（一）太空不断有宇宙光（cosmic rays）打进地球大气层（atmosphere）产生了高速的中子（neutrons）。这些中子碰到大气层的氮气（nitrogen）就产生了"碳十四"（C_{14}）了。

（二）像普通碳（碳十二，C_{12}），这些"碳十四"也能与氧气（oxygen）结合成为二氧化碳（碳气 CO_2）。植物"光化作用"（photosynthesis）时吸收了这些辐射性的碳气，就保持了一个平衡。科学家假定这植物里"碳十四"的比率（percentage）是和大气层里面的一样的。

这数目字目前是一比 1,000,000,000,000 一共有十二个零！意即在每 1,000,000,000,000 个"碳十二"中只有一个"碳十四"。

(三) 动物吃植物，所以这些"碳十四"也加进动物的身体里。虽然无论在植物或者动物的身体里的"碳十四"会不断地衰退而变回氮气，但是生物活的时候还不断从大气层吸收了新的"碳十四"，所以科学家假定，生物活的时候，它身体里的"碳十四"之比率是与大气层里"碳十四"的比率相同。

(四) 生物死了之后自然就不再呼吸也不可吸收养料了。所以尸体里面原有的"碳十四"在慢慢衰退时，就没有新的"碳十四"来取代。这样尸体里面的"碳十四"与"碳十二"之比率就会渐渐相距越多。科学家认为尸骨里面的这个比率可以告诉我们这生物死了多久。目前"碳十四"的半衰期约有5500年，意即在约5500年一个尸体里面的"碳十四"有一半会衰退成氮气。

"一千六百万年"的山东硅藻鼠化石

假设的分析

这个计算法表面看起来比"铀铅"之类的计算法（见上章）较准确，但是它也有些假设我们需要讨论一下，看看合不合理：

（一）它假设了大气层里面"碳十四"的比率在生物还活的时候是与现在的比率一样，其实这比率和地球大气层的环境有直接的关系。如果生物活时大气层比较有保护，这样"碳十四"的比率就会比较低了；生物之尸骨的年代就会比真正年龄显得长久了。圣经告诉我们在洪水以前（约四千多年前）地球的气候环境和现在有相当不同（以后我们再仔细讨论）。

（二）它假设了生物活时的"碳十四"含量和当时大气层一样，事实上有些生物会排斥"同位素"的（Isotope Effect）。所以有人拿活的蚌，以"碳十四"计算法计算，竟断定它已死了三千年！

（三）因为"碳十四"的半衰期只有差不多五千五百年，超过三万年的计算就不可靠了。因为所余的"碳十四"太少了。所以用"碳十四"来算出一块煤炭有几亿年，是不可能的。

（四）用"碳十四"计算要求该样本有碳，用来计算一般的化石就不可能了，因为顾名思义，化石是该尸骨中之有机体（即含有碳的成份）都已经被石英换掉，再没有含碳。换言之，恐龙的化石无可能用"碳十四"鉴定，更妄论鉴定出一亿年来。

所以"碳十四"的鉴定法虽然在系统上比较封闭，但是仍然无法为我们算出，如进化论所要求的漫长年代。而且就算在三万年之内的日期，它的准确性也受到古代环境与现代环境差异的影响。

（十）朽木能言吗？

《圣经》的解释

《圣经》提供给我们的却是：

（一）生物既然同时被造，自然也同时生存 (虽然在这几千年来，有不少已经绝种了)。所以人类的脚印若与恐龙的脚印共存在石层里，是不足为怪的。

（二）《圣经》告诉我们，古代（约四千年前）曾发生过全球性的洪水。洪水以前的环境和现代大不相同，不论地理、气候和大气层的保护，古时都比现时的理想。大气层中的"碳十四"可能比现在少多了。

（三）上述洪水是个全球性的剧烈变动，对地层留下了深刻的痕迹，化石可能多数是在洪水之时埋下的。

这些题目我们都可以有更多的讨论。例如为甚么恐龙长得那么大？恐龙是否真正完全绝种？

下章我们还得先讲讲我们人类是如何来的，我们中国人的老祖宗是否真的是"北京猿人"？

（十）朽木能言吗？

(十一) 老祖宗是谁?

在探讨生命之起源,对我们最切身的问题莫过于人类的祖先是谁? 因为这问题肯定了我们对人类本身的价值,也提供了一些对人类种族之间的分别之解释,连带也提供了一些支持种族之间互相款待的基本观念。

人类是否从猿猴进化而来? 这些"原始人"是否经过竞争淘汰而创作出今日之现代人? 在这竞争的过程中是否有不少这种"原始人"被无情地消灭了? 种族之形成是否因为有不同的"原始人"老祖宗在不同的地方进化,以致形成今日种族之间的分别? 种族之间是否有进化程度之不同? 谁最进化?

进化论的难题

我们曾经讨论过的进化论的人种学家所面对的基本问题之一就是进化论的基本原则。进化论既然要求没有特别的设计,也没有创造者,所以一切生物都是透过无数的巧合,慢慢从简单以致复杂演变而成。这样,我们应该找到无数的变化过程中的生物,即是"过渡生物"(transitional organisms)。我们已经指出在生物界中,生物都是各从其类,并无"过渡生物",自然人类也是如此。在人类和猿猴之间有一段跨不过的鸿沟,无论在生理上、解剖学上、心理上、智能上,人类和最聪明的猿猴之间都有一段相当大的距离。数年前一位科学家花了几年的时间教了一只黑猿(chimpanzee)在打字机上打出"我爱你"(I love you),就喜不自禁地登载在权威的杂志"科学美国人"(Scientific American)上。其实能说"妈妈,我爱你",是小孩子的本能,一位没有高深教育的农妇也能教她的两岁孩子如此说。况且,动物心理学的研究者告诉我们,这种动物的训练多数是以食物来训练的。"I"可能是一条香蕉，"L"可能是两条香蕉也不一定。"我爱你"对黑猿可能是几条香蕉而已。

原始人

从生物界，进化论学者确实很难找到猿猴和人类之间的"过渡生物"，到目前尚未找到，故称之为"失去的一环"（Missing Link）。在过去九十年，进化论的人种学家不断地致力于找到这"失去的一环"，其中最重要的一类称为"直立原始人"（Homo Erectus）。这自然是很重要的一环了。因为猿猴虽然有时也能以后肢站立，但是它们的四肢结构仍然与人类有着很大的分别，所以就算是大猩猩也是比较自然以四肢来行走。并且根据现代的生物学家，猴子和人类有一个很大的分别，就是人类有个内耳器官（vestibula）。这平衡的器官，对人类的直立，是不可少的，也是猿猴所没有的。据进化论的人种学者，"直立原始人"是已经进化到有这内耳器官了，所以都能如人类般直立行走，只是脑袋比人小，自然智力也较低，视为比较未进化之"原始人"。进化论人种学者只找到这些"原始人"化石而已，意即他们的进化视为死路一条，故此不能存到如今，只能留下骸骨。

原始人的分析

我们在过去的讨论中已经指出达尔文的名句："化石抗议进化论，因为化石中没有'过渡生物'。"进化论的人种学家找到一些可能是"原始人"的化石，自然是喜出望外，如获至宝了。然而我们在博物馆、书本上、杂志里所见到的图片和模型是那么地栩栩如生，到底是否真正找到这样的生物呢？原来所找到的，只不过是残缺不全的几块骨头而已，无肉、无皮、无毛的。两个十分不同的造形，是可以从相同几块骨头构想出来的，也只不过是透过两位不同的权威学者构想，从画家的笔创作出来而已。所以在分析"原始人"的可靠性时，我们必须强调到底找到的是什么？这才是真正的证据。

北京人

在"直立原始人"中，与我们华人最切身关注的莫过于1920、30年代在北京附近的周口店所发现的"北京人"了。发现者是一位中国人裴文仲医生，和一位加拿大的布达生医生（Dr. Davidson Black）。根剧三只牙齿，当时布医生立刻宣称，这"失去的一环"是位女士，称为"娜妮"（Nellie），就是"北京人"（Sinenthropus Pekinensis）。其实所找到的原来是一些牙

北京人的模型

齿、头盖和下巴的碎骨，这些头骨诚然比现代人的小，但是奇怪的是并没有找到任何身体或四肢的骨头，而且"娜妮"的骨头在1941-1945之间，第二次大战之时神秘失踪了，如今所有的根据，仅是两位医生所做的模型而已。如今在现场，还有找到一些小头盖的碎片，但是最重要的证据，却是1966年所发现的头盖骨碎片。

1966年北京人头盖骨的
发现地 —— 山顶洞

笔者在1999和2001年有幸两次到周口店，亲自考察，1999年并有一位相当有识之导游讲解。现场其实是个相当深的峡谷，峡谷的壁上有山洞。文物就在峡谷的壁里找到的。当探讨现场的证据时，发现那地方原是个庞大石灰矿洞。原来采石灰，到现在，还是房山周口店一带的一个工业区。发掘的人宣称，此石矿洞后来塌陷了。里面

找到有无数的烧窑，炉灶和这些有头无身无四肢的小脑袋，以及各种动物的骨头。积下来的灰烬层有六米深。鲜为人知的却是，在现场也找到不少现代人的完整头骨，和身体四肢之骨头。在周口店这些都有陈列出来。不过，他们却被称为"山顶洞人"。进化论的研究员声称，这些"山顶洞人"的骨

周口店北京人遗址的地层

头，是在上述的矿洞塌陷之时，从 100 英尺上面的"山顶洞"掉下来的。但是证据何在？谁见证这事？明显地，这些现代人才是那真正的矿工。可怜的"娜妮"和它的同伴吗？只不过是被猎取的猿猴，矿工只吃了它们的脑，然后把小脑袋丢在洞中而已。莫怪在 1999 年中，北京中国古代人类科博馆的馆员，有这样的宣告：中国人的老祖宗是十分残忍的。竟然是彼此相吃的，并且特别喜欢吃同类的脑! 原因：这些小头盖，不是有个洞在头顶，就是被敲破了!

（十一）老祖宗是谁？

从一些碎片中组成及复完的
北京人头盖骨

其实我们古代的华人都是相信独一的造物主。在外国的敬拜未传入中国以先，皇帝祭天（皇天上帝）是没有偶像的。这是我们在北京的天坛所见到的。天坛内外所有的门坊，都是三个门连在一起的，称为"三灵门"。这正是与《圣经》所见证的"三一真神"不谋而合。先

贤对人的独特性和尊重也是十分肯定的，如今后代子孙竟然把祖先视如禽兽，可悲哉！

　　《圣经》告诉我们："人算什么，你竟顾念他，世人算什么，你竟眷顾他。你叫他比天使微小一点，并赐他荣耀尊贵为冠冕。你派他管理你手所造的，使万物：就是一切的牛羊、田野的兽、空中的鸟、海里的鱼，凡经行海道的，都服在他脚下。"（诗篇八篇 4-8 节），可悲的现代人却把自己看贱了，所以人不自爱，伤害自己之余也彼此残杀，正如今日的光景一般。

天坛所供奉的皇天上帝只有字，没有像

天坛的门坊全是三个门连成一片，称为"三灵门"。
繁体字的"靈"，有三个口在中间。
《圣经》启示的创造主就是三位一体的。

下章我们再讨论其它的"原始人"。

（十二）谁最进化？？？

在进化论人种学者中，如今讨论得很热烈的一个问题是："第一个直立原始人（Homo Erectus）从哪一个大陆出现？"不久前，中国大陆的进化论学者曾说自然是根据前一章所谈到的"北京人娜妮"，与它的同伴。但我们已经指出"娜妮"大有可能只是矿工所吃的猿猴而已。

其它的原始人

世界上其它的进化论人种学者，一般却仍相信人类的进化是，约三、四百万年前在非洲开始，然后分散到各大洲的"直立原始人"。其中有亚洲的"北京人"，另有太平洋群岛的"爪哇人"（Java Man），美洲的"美洲人"（Nebraska Man），英国的"贝尔当人"（Piltdown Man），以及德国的"尼安得塔人"（Neanderthal Man）。这些"原始人"可以说是进化论人种学的基石。进化论学者宣称"直立原始人"在一至二百万年前，从非洲分散到上述各地区。因为各自的进化，以致形成明显的不同。

这种看法试图解释：（一）人类种族肤色之分别，是因为适应不同环境而促成的。（二）种族之间既是隔开各自进化了百万年，种族之间进化的程度自然有分别。（三）这样，甚至同种族之间也可能有些民族比较进化，另外有些会被称为"原始民族"。（四）在适者生存的原则下，"优秀的民族"可能消灭了"原始"的民族，以促进全人类之进化。

上述四点所引起的可怕后果，在历史上已是显而易见的；种族的互相歧视，彼此消灭，就是自我为中心，自私自利极端的表现。我们先看看这些"直立原始人"有多少实际的证据。

爪哇人 JAVA MAN

中国的蓝田人一般是归于此类。1891 年一位法国科学家杜巴（Dubois）因求人类"失去的一环"心切，受雇为职业兵，结果在印尼的爪哇岛上找到一块头盖骨，一年之后又在五十英尺外找到一条现代人的大腿骨。头骨是猿的，腿骨是人的，

爪 哇 人 化 石

故此这"爪哇人"只是进化到能直立，头脑却尚未发达，所以不能说话。谁知三十年后在别的科学家快要发表之先，杜巴才承认在同一个地区和地层，他也找到两个现代人的头骨，还有其它现代人的腿骨。杜巴在临终几年承认他找的不过是一种长臂猿 (Orangutan) 的头盖骨而已。

美洲人 NEBRASKA MAN

"美洲人"是在 1922 年发现的。这个"原始人"的证据只有一枚牙齿而已，但是科学家却从此推论出它的下巴、头骨、四肢，甚至全家之像貌如何，真是想象力丰富。几年后 (1927年)，才发现这牙齿原来是属一条猪的!

贝尔当人 PILTDOWN MAN

"贝尔当人"的造型可以说是"爪哇人"的相反。1912 年在英国所找到是一个现代人的头骨和一个猿的下巴骨。故此人类进化的过程是由头脑发达开始，正是"四肢发达，头脑简单"是进不化的。谁知四十年后 (1953 年)，发现是个骗局：有人拿了一个约 1000 年老的现代人之头骨，一个现代猿的下巴骨，动了一些功夫，涂上一些化学品，叫它们看来旧了一点，埋起来，科学家发现了便如获至宝。

尼安得塔人 NEANDERTHAL MAN

　　"尼安得塔人"于一百年前在德国的"尼安得谷"(Neander Valley) 被找到。起初这些人被认为未完全直立，相貌野蛮；但现在一致公认他们是真正直立的，只不过是住在山洞里，有关节炎和缺乏维生素 D，所以长相较为难看。有人曾以法国及美国的革命英雄，拉发叶 (Lafayette) 之轮郭叠在"尼安得塔人"的头骨上，发现天衣无缝。不用奇怪，他们基本上都是现代欧洲人嘛！《发现》杂志 (Discover) 在 1995 年 9 月份，有如此的话：一个健康的尼安得塔男性，

骨头粗壮，胸膛宽大，可以举起一个225磅的美式足球的后卫，并把他抛过龙门。虽然尼安得塔人曾经有很笨的名声，但是他的脑与现代人的脑，却没有甚么分别。平均来说，尼安得塔人的脑比现代人的脑，稍为大一些！"

尼安得塔人博物馆

The Neanderthal Peace,
James Shreeves, p. 72, *Discover,* Sep 1995

（十二）谁最进化？？？

　　所以 2001 年 7 月份，当笔者亲自到德国 Dusseldorf 附近的尼安得塔人博物馆参观时，尼安得塔人的造型，基本上是个现代人，但是却是身材高大的巨人。他的学名，已被修改成"智人"(Homo Sapiens Neanderthalensis) 了！

　　真可叹，如今博物馆与书本上提及人类的进化，仍然如图所示的行列。前三只所谓南方猿、巧猿等，本是不能直立的猿猴，后五只就是我们曾讨论过的"北京人"、"爪哇人"、"美洲人"、"贝尔当人"与"尼安得塔人"了。但是，我们不能不注意到，那些最不进化的原始人，都是在非洲找到的。最进化的则在欧洲找到的。至于在中间的呢？就在亚太找到的。进化论岂不是说：欧洲人是最进化的，非洲人是最

不进化的，那么亚太的人就一半一半吗？这看法的遗毒，岂不是在多少种族歧视和种族残杀上见到吗？还好，现在这观念，已经被认定是不文明的了。可惜虽然如此，这观念基本上还是进化论的看法。

圣经的看法

其实，《圣经》〈使徒行传〉十七章 26 节说："他从一本造出万族的人，住在全地上，并且预先定准他们的年限，和所住的疆界。"人类表面上有种族文明之分，基本上都是隔离生活的结果。

肤色：其实人类只有一种肤色，就是褐色（melanin），肤色之深浅全看褐色素细胞（melanocyte）之多少。一般来说，热带的人肤色深，寒带的人肤色浅是与气候有关的。

长相：种族之间长相虽然有不同，但是生理上却完全一样，又完全可以通婚，生儿育女，只是儿女的长相就一半一半了。正如狗可以有不同种，诸如"法国狗"，"狼狗"，"狮子狗"，"牧羊狗"等等，其实都是隔离培养的结果，如果让之混合交配，经过几代后都变成像中国土狗了（Mongrel）。但狗仍是狗类，人仍是人类。

智能：有人以为有些种族比较笨。其实，天才白痴，每个种族都有，智力的潜能常常是没有适当环境培养，以致怀才不遇。笔者曾在澳洲与一位工程博士畅谈，他温文有礼，谈吐大方，博学多才；原来是婆罗洲"大雅"猎头族酋长的儿子。父亲信了耶稣，整个人生改变了，自然家庭也改变了。我们都是兄弟，都有同样的潜能。

血统：《使徒行传》十七章 26 节之"一本"有古卷作"血脉"或"血"。《圣经》在二千年前已指明人类各种族有同一血脉。医学界对血的认识不到一百年，但如今我们才知道血是何等复杂。单单血的凝结就需要十二种以上的因素，其中大多数必需是人的才可以用。例如"血友症"（hemophilia）是缺少第八因素。虽然动物中（牛、羊、马、猴子）都有同样的第八因素，治疗"血友症"却必须输入人类之第八因素。输血也是如此，血库里的血并不分种族，虽然有基本的血型，但是每个种族都有同样的血型。种族之间，血是互通的。动物（包括猴子）的血输入人身却会引起极大的反应，休克死亡，反之亦然。

是的，我们都是"照着神的形像，按着神的样式"被造的。从一位祖宗而来，所以人类的遗传基因相同，血相同，智能也相同。这是进化论所解释不来的。耶稣基督的福音是普及性的，超文化的，因为人类同有一位祖先，是爱我们的天父所创造的，所以种族之间理当彼此相爱，互相尊重，互相欣赏，这才真是大公世界的基础。

（十三）人算什么

在讨论人类的来源时，一个不能避免的结果是引进人尊严和价值的问题。这个问题先是影响了我们个人的形象，后是家庭的关系，再是社会的制度，进一步是国家的政策，种族之间的态度，以及国际间的相处，其影向之大与广，非同小可。

进化论之我们的祖先　　北京古代人类科学博物馆

"进化论的矛盾"

"进化论的矛盾"一方面强调人只是在无情的时间里，经由无数的机运巧合，从简单的氢元素而演变出来的产品。我们既是与禽兽基本上无分别，时间无情的淘汰，适者生存，

51

弱肉强食的原则自然是天公地道的了。大自然千古不变的律亦不断地推动各种生物，包括人，在进化。正如进化论假设在一亿年前是恐龙的世界，横行全球，是世界之主，但是在七千万年前忽然全部绝种，由哺乳动物起而代之。但是恐龙如何"绝种"，却议论纷纷，莫衷一是，到如今已有四十一个理论了！这个课题我们以后再讨论。但是在这个原则

56个民族56朵花
北京古代人类科学博物馆

下，人类也随时可以被淘汰掉，所以有不少的科幻小说和电影都采纳一个主题：就是在未来，或在太空别的星球，有像人一样有智能的生物，或像猴子，或像爬虫类，甚至像昆虫，不过都脱不了根据地球上有的生物来幻想。

矛盾的另外一面是进化论学者却高唱"人定胜天"，人类需要控制进化，以保持自己优越的地位。这基本上是要自己成为创造者，或者"神"。这心态我们可以从今日的热衷研究创造生命、基因工程和优生观念里看见。这正是与进化论的基本观念作正面的冲突。

社会伦理的问题

"自我形象出问题"，人就不知自爱。有一个例子就是大麻烟（marijuana），北美的西北区常见有非法种植者。今日西方国家有不少认为它无大害。笔者的大儿子曾在十岁时，就读美国华盛顿州立大学。作智商测验时，高达160，推测至220。心理学家说他只见过一位类似的儿童。该少年测验时约14岁，可惜两年后发现这少年的智能已经粉碎，原因是吸食大麻烟。其实笔者的大儿子八岁时已有人拿大麻给

他，感谢神，他那时已有了主耶稣的生命，也知道什么是大麻，所以蒙神保守他，十岁就进入华盛顿大学，十三岁就数学系毕业了。另外一方面，今日多少人沉迷在黄色书籍和录像带，青年人婚前性行为，都是把人的尊严和价值贬低了，视如禽兽。

"人际关系"，人若是与野兽一样，这样兽性一发则可为所欲为，只求一时之快感和满足了。难怪家庭的健全在这世代不断受攻击，其实若进化是真理，同性恋则可以算是人口控制的一个好方法，培养儿童可以如农场养牛一样。

"社会政策"所谓"安乐死"可以演变成纳粹时代的生杀随掌权者之意。正是"你死了，我就安乐"。在美国，16星期前堕胎是合法的，到底是谁决定的呢？原来由那些大法官举手表决而成。为何以16星期作界线呢？有一个原因是认为16周前不是人。这观念从何而来？它的根据是个落了伍的进化论调：胎儿在母腹重演进化。16周胎儿像一条鱼么？即使一个两岁的孩子都可以指出这是个婴儿。这胎儿有价值，有尊严么？他的被杀只是为了母亲的方便？这种胎儿平均还活了6天，在西雅图笔者行医的医院曾有一位活了30天！在世界各地，不少医生还趁胎儿仍活时拿来作实验。进化是真理的话，这是理所当然的。

"种族国际之间"我们已经提出不少次，进化之理论肯定了种族竞争，彼此消灭和暴力侵占的必然性。

《圣经》的看法

我们曾经指出《圣经》声明人是神独特的创作。神说："我们要照着我们的形象，按着我们的样式造人，使他们管理海里的鱼、空中的鸟、地上的牲畜、和全地，并地上所爬的一切昆虫（或作爬虫）。"（创世记一章26节），"形象"是副本的意思，虽带着神的内涵，却不是神，所以人类，无论是那一个种族，都有造物者所赋予的天分，是动物万不能相比的。

"样式"一字在旧约《圣经》的原文希伯来文多数用于形容神的荣耀或是外形。人本来带着造物主的荣耀，只因我们选择不要神时，他的荣耀就离开了。我们只见到彼此的丑陋。其实每一个人都有造物主赐"荣耀尊贵为冠冕"（诗篇第八篇5节）。人不是可以随意杀戮的。

人类和环境的关系是"管理"，又说："修理看守"（创世记二章15节），所以人类不应当摧残自然环境，残害动物植物。我们既然是神的管家，有一天就必须向家主交账。

"女人的被造"是从男人的一边"肋骨"（原文作"一边"，创世记二章21-24节）而被造，所以在遗传基因上男女是相同而相配合的。她是"配偶"，意即一位与男人完全相同的与他同站在一起，所以在价值和尊严上，女人与男人是平等的。她为要"帮助他"，所以在家里、在社会、男女应当互相配合，彼此帮助，并不像现今社会的彼此竞争。

这是造物主美好的计划，我们举目四望，好象大多已失去了。让我们回到他的怀中，接受他的爱吧，就是透过他儿子耶稣基督降世为人，受死复活，带给我们的新生命。

（十三）人算什么

长城上的人群　人就是人

(十四) 化石与恐龙

现代考古学的发现，最引起老少咸宜的兴趣者，莫过于恐龙的化石。这些巨无霸的尸骨看起来还是威风凛凛的，犹有余威。一般人都是一方面畏之，一方面又十分好奇。到底它们是甚么生物？它们生存在多久以前？为甚么它们长得那么大？当时的环境与现在有甚么不同？现在地球的环境中，它们是否仍然能生存？为甚么地里有这么多他们的尸骨？这些尸骨埋藏的方式为何如此庞大(数以百万计)？它们是否同时突然死亡或是经过漫长的年代累积下来的？若是突然死亡的话，到底发生了甚么事呢？

这些问题，生物学、考古学、地质学、研究生物来源者，甚至发掘石油及其它能源的科学家都有很大的兴趣。最近科幻小说及电影之普及性及近年来的"侏罗纪公园"电影之票房记录可稍观其貌。

化石的形成

首先我们得先解释生物如何化成石。地质学家公认一般生物之尸骨化成石需要有以下两个条件：

(一) 生物死后必须立刻埋起来。不然，可想而知，就算是沉重的骨头经过漫长的年代，也会腐化无存了，因为是有机体，意即含有炭。

(二) 急埋之后，又要许多的沉淀物，就是泥沙之类，把它重压住，再加上高热，这样泥沙里面的硅 (Silica) 渗透到尸骨里，就把尸骨里的本物全部变成石英了，所以化石基本上是个石英的模型而已，本物已经是基本上一无所存了。这过程现今科学家在实验室里已可以实现了。

"进化论学者的解释"

无论是在书本上，或是博物馆，或是在找到化石的地方（卡市 Calgary 附近的 Drum Heller 就是一个著名的地方），根据进化论的解释比比皆是。自然他们开口就告诉我们这些生物是几亿年前的生物。关于这计算的方法，我们已指出"辐射线半衰期"绝对的计算法是如何的不绝对，又指出"标准化石"的计算法是如何的不标准，基本上是根据进化假设的自圆其说。

(一) 这些展览总是告诉我们在那地方，数亿年前是个浅海，有无数的那等生物在当地滋生，它们死了之后，尸骨沉到海底，慢慢地被沉淀物盖住了。根据进化论地质学的计算是一百五十年方沉积一英寸。但有些生物可以达到一四零英尺长，估计九十吨重，它卧下了，都要上千年才能完全被盖住。如何可以保留下来呢？

(二) 进化论学者接着解释这些生物经过漫长年代被埋之后还需要地层提高，好叫海干了，然后火山爆发，就产生好多沉淀物把它们重压下去，自然这一切又是经过几百万年了。那些生物就算在千年之久慢慢埋起来时没有腐化掉，在未被重压之前，在泥土里也会腐化掉。正如现代人的尸骨，一堆黄土，多数六尺深，一百年之后，那有不变成灰尘之理！

(三) 再者全世界到处的化石坟地不单数量极其多，而且都是经暴力地被堆在一起，一点不像寿终正寝地一个个安详地躺在那里。我们曾经提过卡市附近的化石谷，按估计有数百万只恐龙，以及其它的古代生物埋在那里。在美国耶州 (Nebraska) 所找到数以亿计的化石鱼，有些看起来，好象正生动地在游泳中，有些口中更还含着食物，证明它们都是急埋起来的。所以进化论学者提供解释所谓"恐龙绝种"之理论有超过四十个，其中最常听见的是"大陨石"击地球的理论，但是其中也是到处有矛盾。如今又有全球火山爆发的理论出现，且甚得支持，关于这个看法，我们以后还有讨论的必要。

《圣经》的解释

《圣经》告诉我们的却是：在古代，不一定是几亿年前，曾有全球性的洪水，"洪水泛滥在地上四十天，水往上涨，把方舟从地上漂起；水势在地上极其浩大，天下的高山都淹没了。水势比山高过十五肘（约二十二英尺），山岭都淹没了。凡在地上有血肉的动物，就是飞鸟、牲畜、走兽、和爬在地上的昆虫（或作：爬虫），以及所有的人都死了。"（创世记七章 17，19-21 节）。关于洪水之水从何而来，是甚么原因触发洪水？那些生物为何如此庞大？它们的尸骨如何变成化石？我们以后再细谈。但是这里我们要强调的是，《圣经》提供了"急埋"和"立刻重压"的条件，再加上暴力的冲积，正是符合了我们今日所观察到的现象。

但是我们下一章先要看看恐龙是否可能曾与人共存？现在仍然有恐龙的可能吗？无论如何，为甚么恐龙在古代可以生存呢？

（十五）有人见过恐龙么？

我们曾指出"侏罗纪公园"是个幻想，制片者与原著者都如此声明。况且，从遗传学的观点是无可能的。按照进化论的学说，恐龙必定是不可能与人类同时存在的。因为进化论相信恐龙是在七千万年前绝种的，而当时的哺乳动物只是一些鼠类的小生物而已。按进化论，人类则要四百万年前才开始进化出现，所以电视上的穴居人带着家养的恐龙去散步，自然是与进化论大相径庭了。

奇怪，无论是哪个文化，都有某种巨形爬虫类之古代传说，概括称之为龙。空穴来风，其来有因。不单在人类历史有传说，甚至近代用科学仪器亦有类似的发现。一个明显的例子是在 1977 年 4 月 12 日，一些日本渔夫在纽西兰公海九百英尺深水，钓到一只身长三十二尺的水怪，重约四千磅，颈长五英尺，尾长六英尺，有四蹼，每蹼约三英尺长。那水怪已开始腐烂发臭，可惜那些渔夫不以为宝，只拍了照，取了一些尸体的样本，丢回海里。后来日本科学馆认为这生物，是一种进化论认为已经绝了种七千万年的水恐龙（蛇头龙 Plesiosaur）。据进化论它应生存于"侏罗纪"（Jurassic Period），是一亿年前之生物。当年日本邮政局还发行了一张纪念邮票。不过，不知为何，后来他们又收回起初的看法。

其实世界各地都常有类似的发现，如苏格兰"尼斯湖"（Loch Ness）的水怪，加拿大卑斯省中部大湖"奥肯那根"（Lake Okanagan）也有同样的水怪，称之谓"奥哥波哥"（Ogopogo），1977 年夏天还向整车旅客亮相，那时我们全家正在"卡加利"（Calgary）捡龙骨，可惜赶到时已失之交臂。

美国德州（Texas）河床里也发现人和恐龙共存的脚印。我们也两次去了看看那个脚印的造形，明显是人和恐龙的脚印。而在新墨西哥州，亚利桑那州和俄罗斯都有发现类似的脚印。有人或者说是人猿或熊的脚印，但是明显地，人脚五趾都是向前，脚底前面和后面的拱形（metatarsal and tarsal arch）以及后跟的造型都是唯有人类才有的。何况按照进化论，猿和熊类的哺乳动物，也不可能与恐龙同时生存的。

恐龙是甚么？

其实恐龙（dinosaur）一词只是恐怖的（dino）蜥蝪（saur）而已。换言之，是巨形的爬虫类，包括四脚蛇。《圣经》在〈创世记〉一章 24 至 25 节："神说，地要生出活物来，各从其类；牲畜、昆虫、野兽，各从其类，事就这样成了。于是神造出野兽，各从其类，牲畜各从其类，地上一切的昆虫，各从其类，神看着是好的。"，这是第六日的事。"昆虫"原文作爬物，所以"新国际译本"（NIV）作"爬虫类"（reptiles）。至于水中的"恐龙"，《创世记》一章 21 节说："神就造出大鱼，和水中所滋生各样有生命的动物。"，"大鱼"原文作"海怪"（sea monster），是第五日的事。

《圣经》描写恐龙

这样，从《圣经》的立场，人类和爬虫类同时生存，是理所当然的。《圣经》到底有没有提到这一类的生物呢？在《圣经》〈约伯记〉四十章 15-24 节神向约伯挑战他创造的奇功，叫约伯去观看一只巨形的动物，中文《圣经》因找不到适合的字眼，姑且翻作"河马"，其实原文只是"动物"（Behemoth）而已，或更好称作"巨无霸"。"它吃草与牛一样。它的气力在腰间，能力在肚腹的筋上。"它的尾巴最特别："它摇动尾巴如香柏树。"我们住在北美西北区，自然是常见香柏树，到处见的常青圣诞树，几十英尺高的很普通。在这里称之为"河马"不大恰当，因为河马的尾巴十分小，有人解释成"象"，但是"象"的尾巴也顶多比上一条绳子。这只"巨无霸""大腿的筋互相联络，它的骨头好象铜管，它的肢体彷佛铁棍。"又说:"它在神所造的物中为首"。这只生物是所有的动物里最大的,它喜欢住的地方是"伏在莲叶之下,卧在芦苇隐密处,和水洼子里",它终日浸在水里,也不怕水位的高低,"河水泛滥,它不发战,就是约但河的水涨到它口边,也是安然。"故它可能有个长脖子。地球历史中最大的动物就是一种长脖子,长尾巴的巨龙(Sauropod),过去找到的最巨形者称之为"雷龙"(Brontosaurus / Apatosaurus)有九十英尺长,后来在内布拉斯加州(Nebraska)又找到"超级龙"(Ultrasaur),身长一百二十英尺,有卵、有雏,初生出的幼龙有六英尺长。但是目前的冠军属于 1989 年在新墨西哥州(New Mexico)发现的"地震龙"(Seismosaur),这巨无霸身长一百四十英尺,估计九十吨重,所以猜想它走起来正像地震一样。

　　只是这巨无霸也逃不了人的摧残。约伯记又说:"在它防备的时候谁能捉拿它,谁能牢笼它,穿它的鼻子呢?",原来早在约伯的时候,人类已在猎取这巨无霸,正如近代许多著名绝种的生物,人类的摧残是促进绝种的一个因素。

短圆形蛋

时代　晚白垩世（6千5百万年前）
产地　山东莱阳

恐龙蛋　　北京古代生物博物馆

下回我们继续讨论这些巨无霸为甚么长得这么大。

（十六）洪荒世界

一般描写恐龙的故事和科幻电影，都描画当时世界环境与今日的不相同，其一是火山的活动，其二是当时动物植物都是十分庞大，连蜻蜓都有六英尺的翅膀，其三是当时的生物有些现今已不生存了，当时的气候好象比今日的暖和而潮湿。在文人画家的笔下，恐龙可能比较被形容得夸大点，但是那些特点并不是没有科学和地质学上的根据的。

火山的活动

古代生物的化石和脚印之保存与火山爆发是有直接关系的，正如我们曾讨论过的恐龙与古代人的脚印，就是需要那些生物踏过潮湿的河床后立刻有极热的火山灰把河床的泥盖住，烘之成石头（瓦），脚印才能保存下来。一个著名近代的例子就是夏威夷岛（Hawaii Island）上的"火山国家公园"（Hawaii Volcanoes National Park）的火山灰中，留下了 1790 年一位酋长的军队在火山爆发逃命时的脚印。问题是全世界那么多被埋下来，被保存了的尸骨，是因局部地火山爆发，还是全球性的天灾？为什么那些尸骨是那么繁多，而保存的方式却是一致的？

生物之庞大

虽然古代的生物表面看起来好象跟现代的生物很不同，但古时都有现代的植物、动物。其分别在乎古代的都庞大很多。例如在爪哇找到的古代长臂猿（orangutan）之骨头有六英尺多高，那种猴子如今只有三、四英尺高。植物也一样，小小的凤尾草（fern）当时可以几十英尺高。科学家都同意，原因是气候之不同，但是为何全世界都如此？这问题我们会讨论，因单单气候并不能导致生物庞大而健康的。科学家发现，今日许多庞大的生物，最大的危机是面临绝种。例如，全世界的大猫类（Big Cats）如狮、虎、豹，目前正迅速地面临绝种，虽然尽量为它们留下生活的特区，也不能挽救，原因是遗传基因的突变，这些大猫有不少是精子不正常，所以不能成孕，这和太空透射进入地球环境的各种光线是有关系的。所以如今环保的一个大题目是"保护臭氧层"（ozone layer），其实这"臭氧层"已十分薄，而且已有破洞。但仍是地球一个十分重要的保护。

绝种了的生物

但是那些古代生物，诚然有不少如今已经不再存在了。我们曾经指出，从地里面的记录，古代生物的种类明显比现代的多。自然，绝种的现象，如今还是有增无减的！我们会问，那么这些生物为何绝种？自然是环境的改变。进化论者说是有多次的天灾，每次只留下一些小生物，重新再进化。问题是，别忘记在古代一样有现代的生物，难道上述的"小生物"竟然进化回原来同样的生物？！

全球四季皆春

地理的证据确实支持古代的环境是一律温暖而潮湿，却又不是阴郁的，因为植物要长得如当时的繁茂，一定是需要充足的阳光。无论在南极洲（Antarctica），喜马拉雅山上（Himalayas）或是在北极圈内的格陵兰（Greenland）都可以找到同样热带植物及动物的化石。目前地球有明显寒带和热带之分，为何古时全球都是四季皆春呢？

《圣经》告诉我们

原来在古代，有一个时期地球的环境确实与现在不同。《创世记》一章 6 至 7 节："神说，诸水之间（中间）要有空气，将水分为上下。神就造出空气，将空气以下的水，空气以上的水分开了。事就这样成了。"，当时的空气，就是大气层（atmosphere），既是在水之中间，就把地上的水分成两半，一半在大气层以下，一半在大气层以上了。

空气以上的水

我们知道地球上的水原是多于海洋可以容纳的，如果两极的冰源溶化，全球多数人口的中心以及平原都必在水下了！臭氧层的崩溃，正是产生以上全球温室效应危机的因素之一。《圣经》告诉我们在古代地球上的水有一半被隔在大气层以上（或作以外）。什么是空气以上的水呢？如今还有没有？这水自然不是指云，因为云是在空气之中。明显的，飞机在三万五千英尺高空时，云是在飞机之下，而且云里的水比起地上的水少了许多，还没有地上之水的一半。所以当时这一半的水，是在大气层以外，最可能以气体状态包住地球。因为《圣经》告诉我们，透过这水气层（vapor canopy）太阳、月亮、星星，仍然是十分清晰的。

原始的乐园

这水气层，第一可以把一些有害的光线滤去，地球环境里的放射线可能比现在少，空气中的碳十四也是如此。这样遗传基因的突变（我们已经指出所有的突变都是有害于生物生存的。）和促进衰老的因素都比现代少，所以《创世记》五章记载的先祖，平均寿命是九百多岁。这寿命在《创世记》十一章里突然先减到四百岁，后来又减到二百岁，原因是全球性天灾之后所造成的结果，这证明环境改变了。这些事我们还要再讨论。

第二，水是保持温度的好工具。加拿大温哥华在波士顿的北边，为何冬天反而比较不冷？皆因受福于太平洋的暖流。古代大气层以上既有如此厚的水气层包住，这水气层吸收了太阳的热气，可以均匀的再把热气分布到全球的大气层，基本上地球成为一个温室，四季如春，不分寒暑，也没

（十六）洪荒世界

65

有寒带热带之分。没有寒带热带，也就没有气流和天气的变化了。今日的气候基本上就是因为冷空气在两极下降，热空气在赤道上升，空气对流而产生风雨，当时却没有风雨，所以《创世记》二章 5-6 节："因为耶和华神还没有降雨在地上但有雾气从地上腾，滋润遍地。"这种的灌溉自然是十分有益植物的，花苞不落、叶子不焦、果子也不被风摇掉，当时的河水也是不同。《创世记》二章 10 节："有河从伊甸流出来滋润那园子，从那里分为四道。"这河的水是从主流流进支流的，可见不像今日的河流是由于风雨才有水，当时河流源出于地下水泉。这两种的灌溉，加上温室保护的环境，难怪当时的植物动物都特别的繁茂了。

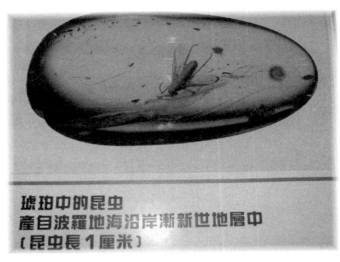

琥珀中的昆虫

下文我们继续看这和恐龙有何关系。

（十六）洪荒世界

（十七）恐龙与巨人

"恐龙"英文的原义是"恐怖的蜥蜴"（terrible lizards），顾名思义，自然是十分可怕的巨形怪物。一般科学家过去都视之为头脑简单，行动迟钝和性情暴躁，正是扮演恐怖怪物的好角色。但是近来地质学上的发现却告诉我们，它们当中有不少可能是行动相当迅速的。它们的群体生活，亲子之情，也可能有温柔的一面，不一定是残暴可怕的。但是它们到底为何会长得如此庞大，科学家却意见纷纭，莫衷一是。

前文我们已经指出，《圣经》告诉我们古代地球上的环境，跟现在有很大分别，原因在于当时大气层以上的水气层，形成地球上一个被保护，四季如春的温室状态，难怪当时的植物都长得十分高大，凤尾草也可以长至二十英尺高，这种光景如今在有些热带丛林还可见到。动物昆虫也都是如此。

千年高寿

《圣经》在〈创世记〉第五章记载"亚当"后代的岁数，除了"以诺"以外，平均都是九百多岁。有些人会怀疑，这可能是夸大的传说，或当时年代的计算法与今不同，但是圣经却告诉我们，当时也是以年月日来计算的，例如《创世记》一章 14 节："神说，天上要有光体，可以分昼夜，作记号，定节令，日子，年岁。"七章 11 节提到洪水来临时说："当挪亚六百岁，二月十七日那一天。"洪水过后在八章 22 节再强调："地还存留的时候，稼穑、寒暑、冬夏、昼夜，就永不停息了。"

岁月突减

到《创世记》十一章记载"闪"的后代时，我们发现从"亚

法撒"开始，就是洪水后出生的第一代，人类的平均寿命突减至四百多岁，很明显是由于环境大改变的影响。换言之，洪水前的原始乐园已经不可再觅了。但是在十一章 19 节"法勒"以后，人的寿命又减到二百多岁。《创世记》十章 25 节告诉我们"法勒"生的时候，地上又有一个大变动，乃是"地被分裂开了"，中文翻作"那时人就分地而居"，原文作"那时地被分裂开了。"，新国际版（NIV）的英译正确地翻出此义。这正是巴别塔之乱。洪水与巴别塔地分裂之事件我们容后再讨论，这里只要指出因为古代的环境的一再变动，人类的寿命已经从原来的九百多岁减至如今的七、八十岁了。北美现今的平均寿命，男人七十四，女人七十六。其实摩西在三千多年前早已指出，人类"一生的年日是七十岁，若是强壮可到八十岁"（诗篇九十篇 10 节）。我们曾指出这都是与太空来的有害光线、环境污染、气候变化等，有很大的关系。

古代巨人

古代的先祖除了寿命长以外，自然身体也比现代人健康。我们多次举例在美国、俄国，都有找到人与恐龙的脚印共存在化石的河床上。在美国德州达拉斯附近的巴拉斯河（Paluxy River）发现的这些脚印，平均有十八英寸长，那些人约八九英尺高。另在当地发现了一具女人的骨头，身高七英尺半。在意大利的煤矿里也曾经发现一具人的骨头，身高十一英尺半。那些古代巨人的证据，对一般的科学家是个无从猜测的谜，但《创世记》六章 4 节早已说明："那时候有伟人（巨人）在地上。"一个可能的因素，是洪水前大气层外的水气层，所引起的高气压。如今科学界在实验室，高压的氧气箱里长的西红柿（tomato）、可以长到像个西瓜那么大！《圣经》也记载在洪水以后，还有些身量高大的巨人，到大卫王的时候还有，那是二千五百年前之事，但是巨人后来渐渐地消失了。如今的巨人多数是有病态的人，寿命不长，生活也痛苦而不正常，非同古代之巨人。

巨型的蜥蜴

何以有"恐龙"此等的生物呢？原来它们不过是长得庞大的蜥蜴而已。我们已经指出因为古代环境的不同，植物动物和人类都长得特别庞大。古代的蟑螂在生理上，在遗传基因上都和现代的蟑螂一样，但是却庞大很多。现代的长臂猿(Orangutan)只有四英尺高，古代却有六英尺高，象也是如此。但是蜥蜴所属的爬虫类还有一个特点，就是它们若不死的话，就会继续地长大，水中的生物也有同样的本能。难怪这些水怪，爬虫统称之为"恐龙"了。事实上这类巨形爬虫在洪水后还有生存，只不过因环境的改变，也渐渐地消灭了。近代虽有巨型的爬虫出现，但多数在水里或在非洲、南美洲的丛林中。中外帝王时代的怪兽，各种的龙，也不一定全是传说。空穴来风，其中不少的描写、图画和"恐龙"之骨头也有不谋而合的现象，只是因为环境和其它的因素，一方面不能长成像以前的身量，另一方面也有不少真正绝了种。

但古代如此理想的世界，如何变成现今的光景，下文讨论其前因后果。

(十八) 化石巨龙渐变或剧变?

大峡谷需要多少年形成? 一个新海岛多快可以出现? 围抱二十六英尺的巨树需要多久才能变成石头? 百万条的巨龙需要多久才能成化石?

化石的问题

我们在先前已经指出, 以进化论"一贯主义"(Uniformitarianism) 来解释地层、化石今日在地球上地理形态, 都有很大的问题。我们曾经指出化石形成之两个公认的主要条件是: 急埋及重压在水冲积物之下, 这正是与进化论的千千万万年的论调相反。在实验室里, 科学家也发现叫树木变成化石, 只要有适当的酸性、温度, 和硅化合物(Silica), 数天就可完成。今日这科技应用上可加增木材的防火、防虫、耐久性; 在华盛顿州大学就有专门的研究, 对北美西北区的木材工业有极大的贡献。

渐变或剧变

其实, 地球上多少的现象不一定需要漫长的时间才能形成, 反之, 剧烈的变化常常是最具影响力。华盛顿州在 1980 年有个著名的事件: 圣海伦火山 (Mt. St. Helens) 爆发。其实圣海伦的大爆发并非很大, 只不过是火山爆发中被科学家观察研究得最多的一个。当时科学家预测需要 150 年树木才会长回, 谁知不到十年, 森林已经复长。今日"圣海伦国家公园"竟然有了一个大峡谷, 与一般进化论地质学者宣称、需要千万年冲蚀而成的峡谷、并没有什么分别。一个天灾、如火山、地震、水灾、海啸等, 可以在短短的时间内产生剧烈的变化, 这是人所共知的。

洪水的传说

我们曾经指出，《圣经》讲明在地球的历史中，有不少的剧烈的事件，在地球的环境中留下深刻的痕迹。其中第一重要的就是在古代曾经有一次全球性的洪水。有人指出：古代有个毁灭全球洪水之传说，岂不是在不少民族的本色文化里都有这样的传流么？这叫《圣经》有什么特别呢？岂不都是原始宗教的神话么？肯定地，全球各地关于洪水的传说，从北欧到美洲的原居民，巴比伦到中国的女娲补天，大洋洲的岛民到印支半岛的苗族，它们都有一些共同点：（一）洪水是天灾；（二）淹没了全球；（三）地上生灵皆灭；（四）唯有一家人得救；（五）他们是靠一条船救命的；我们中文"船"字岂不是一舟八口么？挪亚夫妇和他三儿媳正是一家八口。与其说这是古代无稽之谈，不如说："空穴来风，其来有因。"如果按照进化，各种族由不同的老祖宗各自进化一百万年，那里来这么相同的传说？相反地，证据是指向有其事，但流传下来，细节上彼此有出入而已。这样，谁最可靠？

《圣经》的记载

《圣经》记这件空前的浩劫与其它的传说有剧烈的对照，就如创造的记录，圣经记载洪水的事件简明扼要，共四章而已，没有长篇大论。但却严肃地讲明洪水前世界的光景如何引进这大灾，为地上生灵保存余种的方法，洪水来临的过程，灾后重新的应许。我们在此讨论一下，你自己决定《圣经》的记载是否与众不同，地里面的证据是否支持这记载所留下的痕迹？

洪水是个审判

我们曾经讨论过，人类因为要自作主张，不顺着天理，要自己决定善恶，结果带进了死亡、败坏、污染、痛苦、最后是暴力，先是亚当的长子该隐恼羞成怒，因为自己行得不好，不是单纯靠着信心到神面前，不蒙神悦纳，竟然杀了他弟弟亚伯。从此，虽然该隐的后代在文化科技、音乐上都很成功，他的后代却凶残暴躁。"壮年人伤我，我把他杀了；少年人损我，我把他害了。"（创世记四章 23 节）后来连敬虔的后代，塞特的子孙也与离弃神和不敬虔的子孙混杂通婚。以致"耶和华见人在地上罪恶很大，终日所思想的尽都是恶。"；"世界在神面前败坏，地上满了强暴。"（创世记六章 5-11 节）我们也讨论过，因为洪水前的环境与现在不同，当时人类的寿命平均是九百岁。我们也指出爬虫类之可以长成巨无霸的恐龙，可能也与这有关，只是这么多的身高力壮的人，聪明能干，但又穷凶极恶，强暴残忍；那个世界是多么的可怕啊！人类的近代历史暴君也出了不少，但是不到一百岁就死了，社会总算可以重整一下，民族也可透一口气。洪水前之世界这种暴君却有十倍的时间来作孽，世界哪里有不败坏的，那只是创造后不到两千年发生的事，所以造物主的审判要临到当时世界。

今日的世界

主耶稣谈论到他的再来说："挪亚的日子怎样，人子降临也要怎样。"（马太福音二十四章 37 节）暴力败坏了挪亚的世代，今日在"末世必有危险的日子来到：因为那时人要专顾自己、贪爱钱财、自夸、狂傲、谤讟、违背父母、忘恩负义、心不圣洁、无亲情、不解怨、好说谗言、不能自约、性情凶暴、不爱良善、卖主卖友、任意妄为、自高自大、爱宴乐、不爱神、有敬虔的外貌，却背了敬虔的实意。"（提摩太后书三章 1－5 节）这些事在今日的社会显而易见，这世界一代比一代对暴力更加麻木。我们要面对再一次的审判，你预备好迎见你的造物主没有？

下章我们要讨论神在挪亚的日子所预备的救法。

(十九) 方舟如何保全生命

对许多人来说，挪亚的方舟可能是一个不可思议的谜，神秘的对象，或是无稽的传说。上古的人如何能造出一只如此巨大的船？挪亚从何收集各类的生物？方舟哪里放得下那么多而巨形的生物？它们在方舟里吃什么？我有四个孩子尚且不容易管理，挪亚在方舟上如何维持秩序？方舟是否找到了？

神的器皿

《圣经》告诉我们在史前的全球大洪水之前，神先寻找了他救恩的器皿。这器皿是一个人和他的全家，就是挪亚："挪亚是个义人，在当时的世代是个完全人，挪亚与神同行"（创世记六章 9 节）。挪亚名字意思是"安息"，因为他的双亲感叹因为罪而带来咒诅和其中的劳苦。我们在前文已经指出当时的世界因为有空气以上的水保护，人类和各生物的寿命都比现在长，人类平均寿命有九百多岁，挪亚也不例外，只是其它的人都是一百岁左右就儿女成群，可怜的挪亚却到了五百岁才生了三个儿子。原来神有特别的使命给他，因为挪亚"与神同行"，"同行"原文意思是挪亚叫自己与神同行。他不是恰巧，不是被逼，乃是在意志上作了一个决定要与神同行。这种人是中流砥柱，逆水行舟，敢与众不同，在他当时的世代并不容易，可能遭受到明显的误会，讥笑和攻击。神对挪亚说："看哪，我要使洪水泛滥在地上，毁灭天下，凡地上有血肉，有气息的活物，无一不死。我却要与你立约，你同你的妻子、与儿子、儿妇，都要进入方舟。凡有血肉的活物，每样两个，一公一母，你要带进方舟，好在你那里保全生命"（创世记六章 17-19 节）。神的话实在不容易接受。

在前文讨论过，当时的世界可能是个四季皆春，无风无雨的乐园，虽然人犯罪后地有荆棘蒺藜生出来，环境肯定还是比现在好得多。灌溉仍是地下水泉和"雾气上腾，滋润遍地"。挪亚蒙启示开始建方舟时可能早于洪水前一百二十年，这段日子真不容易过。但"挪亚因着信，既蒙神指示他未见的事，动了敬畏的心，预备了一只方舟，使他全家得救，因此就定了那世代的罪，自己也承受了那从信而来的义"（希伯来书十一章 7 节），他又被称为传义道的挪亚。(彼得后书二章 5 节)

神的救法

有人以为方舟的描写真是笨拙，怎能航行？但是我们要了解方舟的功用只为在洪水时保全生命，并非为航海用，所以方舟的造型基本上是个驳船，它约有四百五十英尺长，七十五英尺宽，四十五英尺高。注意：它除了是条长方形的箱子之外，宽比高稍多。这尺寸浮在水里有点像一条木材切了一边，它的重心叫它几乎不可能翻的。它建造的木材，我们现在不能肯定是什么树。我们知道，古代的树木都是较为庞大，而且不少已绝种了，这点我们在前文也已经讨论了。为防水和耐久，挪亚用了一样当时到处都有的东西：松香。我们都知道松香干硬之后就是琥珀，可以千载不变。所以我们也曾讨论过古代的昆虫常有在琥珀中保留下来。我们也曾指出这些昆虫（蝇、蚊、蟑螂、黄蜂等）据进化论学者说是数亿年老，却在结构和遗传基因上与现代的同样昆虫无异，丝毫无进化。

方舟放得多少动物？

方舟的平面方位，因有三层，所以可以有 95,700 平方英尺，约二十个篮球场的面积。其储物量可以有 13,960 吨，相当于 522 辆双层的火车货卡所载物量。估计全世界动物的体积，平均起来每动物约等于一只绵羊的体积;每货车卡估计可以容纳 240 只，全方舟则可以容纳 125,280 只。现代分类学告诉我们全球生物约有一百万类，其中多数是水中生物，和不是"有气息"的,据美国分类学家美尔 (Ernst Mayer) 说:现在的飞鸟、哺乳、爬虫、两栖各类的生物共 17,600 类。若每类取一公一母,有些"洁净"的取七公七母,方舟容纳得绰绰有余。你说,那么恐龙呢? 别忘了恐龙是活了太久,长得太大的爬虫而已。留种时 (创世记七章 2-3 节) 那里会带庞大而老迈的生物? 在 "哪洲"(Nebraska) 发掘到无数的 "超级龙"(Ultrasaur) 自然有长及 120 英尺,但是也有卵和幼龙,初生的小龙虽比人类的婴儿大, 也不过是六英尺长而已;在方舟里并不占很大的空间!

这么多动物怎么来?

另外一个现实问题就是挪亚如何收集这么多种动物及带进方舟呢? 原来《创世记》七章 8-10 节说:"洁净的畜类,和不洁净的畜类,飞鸟并地上一切的昆虫 (爬物), 都是一对一对的,有公有母 '到' 挪亚那里进入方舟,正如神所吩咐挪亚的。过了那七天,洪水泛滥在地上。" 这些动物是自动地到挪亚那里去的! 今天不少动物还保守着这种的本能。雁如何知道什么时候该往南飞? 燕子怎能回到它被抱之窝? 神吩咐信他的人所作的事,神必定赐力量,有安排。正如亚伯拉罕相信神,并不为自己留下独生的儿子,果然在耶和华山上竟有预备,"耶和华以勒! " 就 "彷佛从死中得回他的儿子来"(希伯来书十一章 9 节)。今日神要我们作的事,我们也当凭信心去作。这样, 无论困难有多大,反对有多强,人的讥笑有多响,事情有多烦,我们都可以放胆说:"主是帮助我的,我不惧怕,人能把我怎么样呢? "(希伯来书十三章 6 节),又说:"主耶和华阿,你曾用大能和伸出来的膀臂创造天地,在你没有难成的事。"(耶利米书三十二章 17 节),"我靠着那加给我力量的, 凡事都能作"(腓立比书四章 13 节)。

下章我们要讨论洪水是怎么来临的, 化石是如何形成的, 及后也会讨论在方舟中的光景。

（二十）地裂天崩

地球上有不少的证据处处指向地球曾经有过剧烈的变化，我们可以从雄伟的峡谷见到，从层叠的群峰领会，从数以亿计的化石印证。我们也指出在这些剧变之中，有关乎全球性洪水之浩劫，是人类各民族及古代历史支持的。

神的容忍

从《圣经》〈创世记〉五章记载，我们估计洪水之来临，早在一千年前就预言了。"以诺生玛土撒拉以后，与神同行三百年，并且生儿养女。"在那邪恶的世代里，以诺怎么忽然与神同行呢？圣经说是因为生了玛土撒拉，玛土撒拉名字意思："他死了毁灭就来到"。以诺领受了神的启示，就因信与神同行三百年。我们计算一下就知道："玛土撒拉活到一百八十七岁，生了拉麦。"（创世记五章 25 节）；"拉麦活到一百八十二岁，生了一个儿子，给他起名叫挪亚。"（创世记五章 28-29 节）；"当挪亚六百岁"洪水就来了（创世记七章 11 节），187+182+600=969"玛土撒拉共活了九百六十九岁就死了"（创世记五章 27 节），洪水是在玛土撒拉死的时候来的！这是以诺所得到的启示。

玛土撒拉是人类历史最长命的一位，几乎活了一千年，神实在是何等宽容忍耐人类悔改归正，连挪亚方舟也花了120 年建造，有声有色地见证给当时的人看。今日的人类岂不是也这样么？他们"随从自己的私欲出来讥诮说：主要降临的应许在哪里呢？因为从列祖睡了以来，万物与起初创造的时候仍是一样！"（彼得后书三章 3-4 节）；"还是你藐视他丰富的恩慈、宽容、忍耐，不晓得他的恩慈是领你悔改呢？你竟任着你刚硬不悔改的心，为自己积蓄忿怒，以致神震怒，显他公义审判的日子来到。"（罗马书二章 4-5 节）。

最后的警告

可叹当挪亚时代的人就是到了最后关头，还不醒悟。《创世纪》七章 8-9 节记载："洁净的畜类，和不洁净的畜类，飞鸟并地上一切的昆虫，都是一对一对的，有公有母，到挪亚那里进入方舟，正如神所吩咐挪亚的。过了那七天，洪水泛滥在地上。"这许多的动物自动自发，有条有理地到挪亚所建的"怪物"那里，难道旁观者不会好奇么？怎么还会以为挪亚的信息是戏言呢？他们明显眼睁睁着奇迹，视而不见，不悔改，不动心。这机会终于要过去的，"凡有血肉进入方舟的，都是有公有母，正如神所吩咐挪亚的；耶和华就把他关在方舟里头。"（创世记七章 16 节） 这方舟的门是神所关的，时候到了，就没有人能开了。

今日主耶稣再来的预兆，逐步的应验在我们眼前："民要攻打民，国要攻打国；多处必有饥荒地震。这都是灾难的起头。"（马太福音二十四章 7-8 节），直到有一天，主再来了："挪亚的日子怎样，人子降临也要怎样。当洪水以前的日子，人照常吃喝嫁娶，直到挪亚进方舟的那日，不知不觉洪水来了，把他们全都冲去；人子（耶稣）降临也要这样。"（马太福音二十四章 37-39 节）。

大渊裂开了

一般人以为挪亚时代的洪水只是下雨而来的，其实《圣经》把洪水来临的秩序写得十分清楚，"当挪亚六百岁，二月十七日那一天，大渊的泉源，都裂开了，天上的窗户，也敞开了。四十昼夜下大雨在地上。"（创世记七章 11-12 节）洪水来临的第一件事是"大渊的泉源，都裂开了。"地里有大量的地下水源，也是我们日用的重要水源。北美洲地下水流最庞大的莫过于美国中部的"奥格拉拉"水源 (Ogallala Aquifer)，面积达 156,000 平方英里，但挪亚洪水时出来的水可能多数是现今留在海洋里。"裂开"在原文是被动式的，这'裂'原文是暴力地撕开了，换言之，在方舟之门关了的时候，地壳就到处崩裂了，自然地壳崩裂不是单单地下水冒出来，这也造成全球性的大地震和火山爆发。

天窗开了

火山爆发的观察，在近代科学的研究里莫过于 1980 年 5 月 18 日，美国华盛顿州的圣海伦火山之爆发 (Mt. St. Helens)。我们在前几章已稍窥圣海伦火山爆发之壮观，这本来号称美洲富士山的雪山，经过两个月的冒烟，终于在那日清晨八时三十二分爆炸，山顶立时约有一立方英里的沙石冰川被炸为乌有，成为火山灰和水气上升天空；烟柱高达六万英尺，从太空都可看见，火山灰围绕地球三周，9677 英尺的高峰霎时低了 1277 英尺，只剩下 8400 英尺。漂亮的雪山变成一个大洞。爆发时是主日，西北区天气晴朗，一望无际，爆发时我们正要上教会去，也听见了爆炸声。当时在火山周围有个奇怪的现象，是一般热带火山爆发所没有的；就是下大雨。这雨并非寻常，乃是黑不见五指，雷电交加，带着极热的火山灰，不少困在其中的人活活被烫死了。当时有一段风行一时的录像带，是一位电视记者录制的，银幕上漆黑一片，只见中间一点光，历时十分钟之久，配着他的呻吟求告声音，幸好他正沿着一条直路走，那点光是对面山头没有下雨的地方，终于免去一死。

为甚么无云生雨呢？科学家发现两个因素：一、圣海伦山顶一千多英尺含着大量的冰川；在爆炸时都变成水气了。二、火山灰原来是很细的玻璃片。玻璃原来就是硅化合物 (Silica) 高热熔化成为液体，然后急冻而成的。火山爆发时，山上的沙石在极高热下熔化，炸成泡沫上天，一急冻全部变小玻璃片。这种火山玻璃含着矿物质（多数是铁），故此是近于黑深褐色 (obsidian)，在一般的火山区都可捡到。玻璃遇到水气，成为凝结点，是为豪雨下降。

（三十）地裂天崩

同样，洪水时的第一事件是地裂开了，全球火山爆发，其气派当然是远胜圣海伦了。事实上在近代历史，印尼的克加多火山（Krakatoa）的烟柱竟高达十万英尺，全球三年夕阳变色。这无数火山灰（即小玻璃片）在洪水即实时升上高空，当时保护地球环境的水气层立刻崩溃，逐渐地凝结在火山灰上成为空前绝后的大雨。"天上的窗户，也敞开了。四十昼夜降大雨在地上。"这雨混着极热的火山灰，雷电交加，光景之可怖，是我们无法想象的。

是的，当人类不要那"常用他权能的命令托住万有"（希伯来书一章3节）的造物主时，我们的世界肯定就崩溃了。审判是甚么呢？就是落在神恩典的托住之外。"因为我们得知真道以后，若故意犯罪，赎罪的祭就再没有了，惟有战惧等候审判和那烧灭众敌人的烈火。落在永生神的手里，真是可怕的。"（希伯来书十章26-27，31节）

（二十）地裂天崩

(廿一) 空前浩劫

全世界到处的化石记录里，有一个显然的现象是有些生物化石特别繁多。无论在哪里——北美的犹他州 (Utah)、哪州 (Nebraska)、亚伯达省 (Alberta)、中国的新疆、四川和澳洲的大漠——水里动物和爬虫类的化石计以万万，在哪州有数亿的化石鱼，被埋时还栩栩如生，像在游泳当中，有些口里还含着食物。它们的埋藏都是经历猛然暴力的结果。反之，在陆地上和天空中的生物之化石，却显得稀少。

进化论的解释

传统进化论之看法，说这些尸骨是寿终正寝地沉到海底，经几百万年累积下来，所以才有那么多化石。这样的解释自然会引起不少问题：

一、 尸骨沉到海底没有立刻埋起来,如何能不腐化掉？何况是百英尺长的恐龙，按照进化论的地质学，更需要数千数万年！

二、 我们已经指出，化石之形成需要沉淀物 (泥沙) 的压力，还有适当的温度和酸性，在尸骨未腐烂之前完成。进化论所说的漫长之年代是个相反的条件。

多次绝种论 Multiple Extinction

所以近年来的进化论学者中流行了"多次绝种论",其中最闻名的自然是恐龙的绝种了。但是他们起码算出有十次的全球大绝种，彼此相隔有二千四百万年。很奇妙地，过了几百万年，经过无数的偶合，又进化回几乎同样的生物来，有些经过好几次绝种，到如今还活着！它们被称为"活化石" (living fossils)！这到底是怎样的偶合！？事实上单单关

83

于恐龙的绝种就有四十几个看法。流行了好久的"大殒石撞地球"是第四十个说法。第四十一个就是"全球性的火山大爆发"，正是回到我们曾经指出，《圣经》所记载的全球性洪水时，遍地火山爆发的现象。进化论学者的根据，自然是所谓"地层质"（Geological Column）里面化石的记录了。我们也曾经指出，在全球并不能找到这样排列完整的地层。而且地层年龄的计算是何等的不可靠。不过我们还要问，这层层叠叠的化石到底是如何形成的？进化论的看法是说，这一切是经过漫长的年代，相离很远的时代形成的，我们刚才已经指出这看法的问题了。

《圣经》的看法

我们在前章曾经指出，洪水来时，先有全球的火山大爆发。在圣海伦火山爆发时，还有另外一个现象：就是从火山口有一股"热流"（pyroclastic flow），以时速 200 至 400 英里，冲下山坡。热流含着毒气和火山灰，温度高达摄氏 250 度（华氏 500 度），有山泥随着。它所过之处，植物或付之一炬，或被埋下，动物则窒息急埋，热流所到之处，埋在最下面的，自然是平常住在最下面的生物了，就是大陆沿岸的海底的生物。其次是水中的生物，就如鱼类。再是两栖动物和爬虫类，这些都是在水边的生物。

水势浩大

爬虫自然也包括恐龙，因为我们在以前也曾经讨论过，恐龙之所以长得这么巨形，可能是洪水以前世界的环境，与现在世界不同。有人可能会问：140 英尺的巨龙（大家可还记得"地震龙"？）如何一下子埋起来？我们都知道地震时，在水上会有海啸，就是海里最可怕的巨浪。两百年前，印尼的克卡多（Krakatoa）火山爆发时，在附近的苏门答腊（Sumatra）岛上，海啸留下的证据高达 260 英尺，这样的巨浪自然可以推动 140 英尺长的尸体了。《圣经》〈创世记〉

七章 18 至 20 节重复了"水势"的记载。这是指着水的威力。我们可以想象，当时接二连三的海啸，四面八方的卷来，无数的爬虫尸体，被十分暴力地冲积在一起，正如今日化石记录所显示的。

既然地里的化石，是同时被埋下去的，几十英尺的大树连根竖立，化成石头，就一点也不为奇了。因为它旁边的地层，并不是千万年冲积下来的，乃是同时堆积的。再说，即使偶然有海底动物的化石(如三叶虫 trilobite)在两栖动物以上，按当时不同的环境而言，也不足为怪。

水往上长

化石的记录还有另外一个费思的谜：就是比起水中的动物和爬虫类，飞鸟和哺乳动物的化石实在很少。我们知道飞鸟之滋生繁多是明明可见的。按着进化论，它们的化石应该不少，但飞鸟的化石的确是十分少：始祖鸟(Archaeopteryx)的化石全世界只有十几副。

从《圣经》来解释我们则有一个不同的角度。〈创世记〉七章 17 节："水往上长"，原文是指着量而说，所以 18 节又说："水势浩大，在地上大大地往上长"，19 节："水势在地上极其浩大，天下高山都淹没了"，20 节："水势比山高过十五肘，山岭都淹没了"，"十五肘"约 22.5 英尺。就是按着今天的地理形势，大家都公认，地球上的水量是远多过海洋可以容下的。所以环保其中的一个要务是保护"臭氧层"(ozone layer)预防地球有"温室作用"(Greenhouse Effect)，不然两极的冰块只要稍溶化一点，全球人口集中的平原，多半会在水底了！在挪亚洪水泛滥初时，飞鸟和陆地上的生物，还有些可能逃命，没有立刻被埋下去，但是最后还是无地可逃，只是那时水位已经很高了。它们的尸体漂浮在水面，腐化掉了，却也有一些被埋起来，留下不少的化石。

85

都死了

　　《创世记》七章 21，22 节："凡在地上有血肉的动物，就是飞鸟，牲畜，走兽，和爬在地上的昆虫，以及所有的人都死了，凡在旱地上，鼻孔有气息的生灵都死了。"这诚然是大绝种，但是《圣经》有一些注释：

一、这绝种只包括飞鸟，牲畜，走兽和爬虫，就是旱地上的生物，所以水中的生物并不包括在内。这样，今天如果水中还有恐龙，也不为怪（可记得 1977 年日本渔夫钓到的恐龙吗？）。

二、那些"都死了"的生物，神已经叫挪亚留了种。所以洪水后，它们重新滋生遍地时，它们基本上还是与洪水以前大同小异，只是可能因为环境变了，所以个子不同吧。

（廿一）空前浩劫

活化石　　棘腔鱼

　　下章我们看看在这浩劫中，方舟里的生物如何过日子。

（廿二）在狂风暴雨中

我们曾经指出，时下进化论所提倡的多次绝种论，其中一个大问题，就是生物既然绝了种，如何在进化论偶合的假设下，重新进化出完全同样的生物呢？圣经的解释是"可以留种"，用的是"方舟"。

我们也讨论过，方舟之容量足够带进世上各类的生物，所以在洪水以后，这些生物繁殖，生出本来的生物，一点也不奇怪，因为遗传基因是一样的。但是在那空前浩劫，惊天动地的洪水中，挪亚如何照料它们呢？你说，我有两个孩子，都已够手忙脚乱。

积蓄食物

第一个问题，自然是食物的供应了，特别是肉食兽。哪里来的肉供应它们一年之需？《圣经》的记载，洪水以前，神说："至于地上的走兽和空中的飞鸟，和各样爬在地上有生命的物，我将青草（植物）赐给它们作食物。事就这样成了。"（创世纪一章 30 节）或有人说，那些有大牙的恐龙（如霸龙 Tyrannosaurus），不是吃肉的吗？霸龙真正吃甚么，我们不知道。但是霸龙的牙齿，给考古学家一个难题：它的牙齿比牙根长。咬起骨头来，一下子就崩了！今天，有许多吃树皮和硬壳果的动物，也有很大很利的牙齿。再者、动物在不利的环境中，常常可以进入睡眠状态。在这种状态中，它的新陈代谢降至极低，可以有一段的时期不喝不吃，我们最熟悉的，自然是"冬眠"了，但是在干燥或极热时，这种睡眠状态也可以发生，这本能从何而来？

超越的生命

我们曾经指出，方舟的构造是驳船的样式，在风浪中不容易翻转，何况还有神全能的手在保守。《创世记》七章17节"洪水泛滥在地上四十天，水往上长，把方舟从地上漂起。"我们也曾经指出这节是论到水的量。一个在神保守中的生命，无论环境多恶劣，压力多么大，总能超越过去。这一切只叫他与神更亲近。正如使徒保罗胜利的宣告："然而靠着爱我们的主，在这一切的事上已经得胜有余了。"（罗马书八章37节）这好象绊脚石与踏脚石的分别。

《创世记》七章18节"水势浩大，在地上大大地往上长，方舟在水面上漂来漂去。"我们也曾经指出，这里是论到水的威力，就是庞大的海啸。"漂来漂去"原文与创世记六章9节"挪亚与神同行"之"行"是同一个字，意即往来散步。在全能的造物主之手里，无论反对的势力多么凶猛，我们都可以悠然自得，有出人意外的平安。主耶稣说"我将这事告诉你们，是叫你们在我里面有平安，在世上你们有苦难，但你们可以放心，我已经胜了世界。"（约翰福音十六章33节）《创世记》七章19-20节"水势在地上极其浩大，天下的高山都淹没了，水势比山高过十五肘（约22.5英尺），山岭都淹没了。"地理告诉我们，地球上的水是远胜于海洋所能容下的。地质学家告诉我们，全球都有深厚的冲积沉淀物，化石告诉我们，如此众多无数的骸骨，都是遭遇暴力的冲积所致。各民族的传说，都指向一个全球性的洪水。在那浩劫中，凡没有在神恩典的方舟里的，都逃不了审判。"凡地上各类的活物，连人带牲畜，昆虫，以及空中的飞鸟，都从地上除灭了，只留下挪亚和那些与他同在方舟里的。"（创世记七章23节）。主耶稣说："当洪水以前的日子，人照常吃喝嫁娶，直到挪亚进方舟的那日。不知不觉洪水来了，把他们全部冲去。人子降临也要这样。"（马太福音二十四章38-39节），亲爱的朋友，你是否已经在主耶稣的救恩里？

神记念

《创世记》八章 1 节 "神记念挪亚和挪亚方舟里的一切走兽牲畜，神叫风吹地，水势渐落"，本节原文有 "但" 字。方舟虽然可以保存性命，但若被困在其中，长久也是烦恼。圣经说一共有 150 天。正如有时属神的人，在苦境中，也会问："守望的阿，夜里如何。守望的阿，夜里如何。" "但" 是个转机，关键是 "神记念"。我们的环境有多苦，人们多么容易忘记我们，只要爱我们的天父记念，我们一定可以 "凡事盼望" 的，知道他必定叫我们 "从苦境转回"。

叫风吹地

《圣经》记载洪水的消退，第一件事是 "风吹地"，这是洪水以前所没有的。洪水以前的世界，因为有一层水气包住保护，所以四季皆春，无寒带与热带之分，是个温室，并没有风雨。洪水以后，地球突然失去保护，空气中的二氧化碳，又在洪水时被洗掉。两极与赤道温度之极端，所引起的气流，其威力无法想象。就是现今的高空气流（jet stream），时速超过 200 英里，也常是等闲之事，这气流与地球上的气候有很大的关系。每年冬天，它只要稍向南移，北美两岸就风雪交加（1995 1996 初就是一例）。这风在洪水后，先可造成两极下大雪，继是两极冰块的形成，这是地球上的第一个冰河时期。地球上不少的水，是收藏在两极的冰块里，两极的冰块深至数千英尺，这是地理学家公认的。如今只要地球气温，稍提高一两度，恐怕多数人口集中的平原，都要在水平之下了！洪水后，两极急冻引起 "水就渐消"，这句在《创世记》八章 3-5 节讲了三次。正如洪水 "水势浩大，在地上共一百五十天。"（创世记七章 24 节）洪水的消退也要 150 天。

诸山升上

《创世记》八章 4-5 节 "七月十七日，方舟停在亚拉腊山上，水又渐消，到十月初一日，山顶都现出来了。" "都现出来了"原文是主动的，或者可以作"显露出来"。《诗篇》一零四篇 6-9 节"你用深水遮盖地面，犹如衣裳，诸水高过山岭……（诸山升上，诸谷沉下），归你为他所安定之地……耶和华使泉源涌在山谷，流在山间……他从楼阁中浇灌山岭，因他作为的功效，地就丰足。"。海洋里的深坑是我们都知道的，最出名的是菲律宾旁边的"岷尼拉海沟"（Manila Trench）了，它的深度超过四万英尺，喜马拉雅山倒进去还差一万多英尺！世界上的山脉，仍然在上升，也是大家公认的。只是进化论的学者，强调现在的速度，就是一向的速度，所以算出漫长的年代。我们也已经指出，这地球上的证据，是支持剧烈的变化的。洪水后，诸山升上，诸谷沉下之际，方舟便"停在亚拉腊山上"了。这亚拉腊山如今还在中东的土耳其，正在叛区（Kurds）与亚米尼亚（Armenia）和伊朗的交界。历史上，当地不少的土著见过这方舟，是停在山上的一个冰湖里，要在特别干燥和炎热的夏天才亮相。欧洲人探险最生动的一次，可能是 1916-1917 苏俄末期，莎皇派去的一队兵，他们拍了照，画了地图，还进了方舟，看了那些动物的房间，可惜回国时，革命已经发动，莎皇也已丧命，他们散失了，文物也不见了，只有近年来，其中一位从记忆中画了当时的情景。近年来又频传有所见，不过还是不能肯定。《创世记》八章 6 节："过了四十天，挪亚开了方舟的窗户。"

挪亚所面对的新世界，有了甚么不同？方舟里的生物，如何变成今日的光景？人种如何形成？让我们下回分解。

（廿三）现在的天地

按着地里的证据，无可否认恐龙时代的环境和现在是很不同的。为甚么地球的气候、不能回复以前的光景？《圣经》的解释是：空气以上的水崩溃后，正是覆水难收，乐园一失不再有。

生命的现象

洪水后，挪亚所面对的世界，与他过往所知道的世界有很大的分别。《创世记》八章记载挪亚如何探险他面对的新世界。《创世记》八章 6-7 节"过了四十天，挪亚开了方舟的窗户，放出一只乌鸦去，那乌鸦飞来飞去，直到地上的水都干了"，这乌鸦有个特别的使命：把生命的证据带回来给挪亚，但是到底甚么叫它留连在外，把使命忘掉呢 我们都记得、在洪水中消灭的生物，不一定都被埋起来，有不少尸体是漂流在水面的，或者这吃死物的乌鸦、留连于死的东西、于是乐不思蜀、把任务忘掉了。《创世记》八章 8-9 节"他又放出一只鸽子去，要看看水从地上退了没有，但遍地上都是水，鸽子找不着落脚之地，就回到方舟挪亚那里，挪亚伸手把鸽子接进方舟来"，鸽子却不能妥协，在死物上留连。它只好回到方舟。但是七天后、当它再被放出去时，《创世记》八章 11 节说："到了晚上，鸽子回到他那里，嘴里叼着一个新拧下来的橄榄叶子，挪亚就知道地上的水退了"。鸽子完成了它的任务，带给挪亚生命的信息。在这新世界里，第一样长出来的生物，原来是树木。如今在全世界、最长命的生物就是一种松树、长在美国内华达州（Nevada）和犹他州（Utah）的高山上，称为棘果松树（Bristlecone Pine）。透过钻树心去计算年轮、它们最老的有四千多年、正是洪水的年代！

彩虹的约

在神怜悯之中，审判之后还有恩典。他应许不再用洪水来灭世上生灵，又说："地还存留的时候，稼穑、寒暑、冬夏、昼夜就永不停息了"《创世记》八章 22 节。《创世记》一章 14 节神说："可以分昼夜，作记号，定节令、日子、年岁。""稼穑、寒暑、冬夏"告诉我们，地球从此有气候的变动了。我们以前也曾经指出，这是原先的水气层崩溃的结果。虽然如此，在这新制度之下，生命还能够继续。就如《彼得后书》说："但现在的天地，还是凭着那命存留，直留到不敬虔之人受审判遭沉沦的日子，用火焚烧。"神又给了人一个记号，就是他彩虹的约。我们知道，彩虹是雨后天晴，阳光照在的雨点上折光（refraction）的现象。洪水以前，没有彩虹，一则因为那时还没有下雨，另一个可能是洪水后，水的折光指数（refractive index）变了。但是洪水之后，人类和环境的关系，更趋恶劣："凡地上的走兽和空中的飞鸟，都必惊恐，惧怕你们"《创世记》九章 2 节，人类也开始需要吃肉了。

一错再错

可叹人类刚受了洪水的教训，不到四代，又要高抬自己。"他们说，来罢，我们要建造一座城和一座塔，塔顶通天，为要传扬我们的名，免得我们分散在全地上"《创世记》十一章 4 节，他们的领袖是"宁录"，挪亚小儿子含的孙儿。神的审判再一次临到这世界。《创世记》十一章 9 节 "因为耶和华在那里变乱天下人的言语，使众人分散在全地上，所以那城名叫巴别（就是变乱的意思）。

巴别的事件有两大事发生：

一、变乱天下的言语，《创世记》十一章 1 节 "那时，天下人的口音，言语，都是一样"。口音原文是嘴形、言语原文是用词，这两个因素肯定了语言的分别。

（廿三）现在的天地

一、使众人分散在全地上，此句话带着 "赶散" 的意思。当时神是赶散了人类。用甚么方法呢？《创世记》十章 25 节 "希伯生了两个儿子，一个名叫法勒（法勒就是分的意思），因为那时人就分地居住"。"人就分地居住" 原文是 "地被分裂了" 新国际版翻做：Peleg, because in his time the earth was divided；法勒生时正是宁录盛年之时。这事件之影响，从《创世记》十一章 10-26 节所记载的家谱可以看见。我们曾指出人类的寿数，在洪水以后，从 900 岁一下子减到 400 岁，这寿数维持到希伯。《创世记》十一章 18-19 节 "法勒活到三十岁，生了拉吴，法勒生拉吴之后，又活了二百零九年，并且生儿养女"。法勒共活了 239 岁，人类的寿数又减了一半，这次巨变对于地球的环境真的影响很大。地理学和地质学都同意，这地球陆地的版图本是一块，只是在古代分裂了，最明显的就是大西洋（Atlantic Ocean）。这裂缝到如今还以每年 2-3 英寸之速度，向两方挪移。进化论以此速度和大西洋两岸之距离去计算时间，自然算出几百万年了，但是证据是否如此？

冰封北方的古象蒙马

急冻古象

在北美和西伯利亚，接近北极地区，在浅浅的泥土下，就是数千尺的冰层，终年不化（permafrost）。冰封里面，有数以百万计的古象，土著常用之喂狗。其中曾有只小象，其肉还可以供人食用。进化论的解释是，数万年前冰河时代，这些象在冰河上流荡，寻找可居之地，不慎掉进冰坑里，如此急冻起来。只是这些动物的胃里，还保存着青草野花。那只小象，口里竟然含着野花！冰河上，哪里来的野花？事实上，不单是象，西伯利亚的冰层里，还有牛、马、羊、虎、狮等。并且冰层下的地上，竟然有急冻的温暖地区之植物。这证明那些动物被急冻时，是生活在一个比较暖和地方的。急冻后，大陆立刻漂移到现在寒冷的地方。圣经巴别事件，地的突然分裂，可以给我们最好的解释，这自然是再一次的火山大爆发了。不过这一次就没有一个水气层，把火山灰洗下来。我们曾指出，火山灰是极小的黑玻璃片，可以飘浮在高空一段时期，这样就把阳光挡掉了，造成地球上急冻，进入第二个冰河时代。基本上，核子战后的核子冬天，也是同样的道理。但是过了一些年头，火山灰慢慢下降，地球上气候恢复正常，在温带、热带的尸体，就腐化掉了。正如我们在北美，如密苏里州（Missouri）所见到的，在那里，这些象只留下骨头和象牙而已。

人种的起源

《创世记》十章告诉我们，挪亚的三个儿子的后代，如何分散到全地上。挪亚在洪水后，却没有再生儿女。十章 2-5 节记雅弗后代的名字，可以追溯到欧洲的人种：希腊、高加索、意大利、西班牙等。十章 6-20 节含后代的名字，则是非洲的人种：埃及、古实（就是伊索比亚）、利比亚等。十章 21-31 节闪的后代即是亚洲人种的祖先。或有人会问：仅仅四千年，如何能有现今种族之分别？我们要记得，直到如今，因为语言和地理文化的因素，超种族通婚，还是罕见的。生物学上，隔离的培养，可以叫不同的遗传基因有不同的表达。例如 1960 年代，估计有 200 多种的欧洲狗，原来都是从 1700 年一种狗（The Mongrel）培养出来的。所以你买名种狗，必须要有家谱，不然混了种，就不三不四了。今天我们看不同种族通婚，并没有生下怪物，都是正常人，有些更是配得十分漂亮，只是种族之间的分别，稍为冲淡了。

通天的桥梁

是的，"我们岂不都是一位父么，岂不是一位神所造的么．"（玛拉基书二章 10 节）。在造物主的计划里，全人类都是兄弟姐妹，应在爱中生活。人类却再三的顶撞他，害己害人。然而神却是我们慈爱的天父："耶和华有怜悯，有恩典，不轻易发怒，且有丰盛的慈爱，他没有按我们的罪过待我们，也没有照我们的罪孽报应我们"。（诗篇一零三篇 8-10 节）彩虹好象一条通天的桥，在我们这不完全的生命和世界里，提醒我们是神借着他儿子"常用他权能的命令托住万有"（希伯来书一章 3 节）。这彩虹预表神的儿子耶稣基督，在洪水两千年之后，亲自降世为人，表明了神的爱，为我们的罪死在十字架上，流宝血洗净我们一切的罪过，主从死里复活，叫我们得着新生命。他是真正通天的桥梁。你愿意接受他为你个人的救主吗？现在就可以请他进入你的心。

（廿四）失去的乐园

　　无神的进化论视现实世界的弱肉强食，适者生存为天公地道，所以可以互相残杀，消灭异族，甚至于随意生杀自己民族之无能力反抗者，就如胎儿、老弱残障，甚至于政治思想异己者；在环境中可以尽量自私地滥用，污染环境，摧残生物；目的为要叫自己更进化。

　　但是"天理在人心"，人类都向往一个"乌托邦"、"大公世界"、"理想的乐园"，并且历史给我们见到，不断地互相残杀并不能建立任何的文化。积千百年的文化，可以在旦夕之间因战争完全被摧毁，销声匿迹，无处可寻。古代埃及的金字塔如何建造，至今不但别地的人不能重造，连本地的埃及人也无从知道。中南美的印第安人辉煌的文化、建筑、科学、数学、天文学等等只不过是几百年前的事，在西班牙人蹂躏之下，如今他们的后代连自己古代的文字也不会读了。

　　我们已经指出，《圣经》所介绍的造物主在造生命之时，定下了三个大原则，记载在《创世记》一至三章里。就是：一、生物各从其类。二、万物受造原是好的。三、后来有死亡败坏的因素进入了世界。这三个原则的推理和预测我们都已经详细地与进化论的原则、推理与预测比较了，也明显地发现地球所找到的证据，实在是支持《圣经》的原则的。

失去的乐园

　　是的，造物主确实本来为我们所预备的是一个极美的"原始乐园"。我们已经讨论了当时那美好的气候，雾气和泉水的灌溉，动植物长得繁茂，硕大而长寿。当时的地理也是可能与现在不同，因为《创世记》二章 11-14 节描写从"伊甸"出来的河分为四道，所流经的区域包括"亚拉伯"和北非的"古实"，就是现今的"伊索比亚"（《新约圣经》的"埃提阿伯"）。可见当时的非洲大陆是连于亚洲的。《创世记》二章 8 节"耶和华神在东方的伊甸立了一个园子，把所造的人安置在那里。""安置"在这里有"安定下来"的意思。今日现代人"飘流，从这海到那海，从北边到东边，往来奔跑"，追求什么？只不过求个安身之地。我们华夏民族岂不是一个例子么？但是何处是吾家？是的，造物主原来已为我们预备了一个安身之处，要我们安定在他里面，这园子"有各样的树"是神使它们生长出来的"可以悦人眼目，其上的果子，好作食物。"。今日人用尽心计要叫植物生长，总是发现我们的"改造"常常造成别的问题，所以今日又有个风气要回到"自然食品"去。其实在败坏的因素未进入世界前，植物是神叫它们长得悦目可口的，人类只有吃素也是顶健康的，但是今日我们缺少了一种消化的酵素，所以真正单吃素会营养不良，但是"园子当中"最美丽的吸引中心却是"生命树"，这树上的果子按照《创世记》二章 16 节是"可随意吃的"，这树在《启示录》二十二章说："结十二样果子，每月都结果子，树上的叶子乃为医治万民。"这是供应我们生命的粮，也是智慧的来源："他（智慧）与持守他的作生命树。"（箴言三章18 节）。

人的责任

不但如此，《创世记》二章 15 节的"安置"是带有"安息"的意思。我们的环境也是我们安息的地方，这是我们的家，也是我们工作的场所。可惜今日多少人的工作场所是战场，勾心斗角，明枪暗箭，鲜有真正的互助，彼此欣赏。更可惜的是家庭里也是如此，夫妻不能彼此扶持，父子彼此藐视，哪里可以安息？难怪不少青少年宁可在外留连，不肯回家了。在这个原始的家里，人的责任是要"修理看守"。这里"修理"含着"仆人"的意思，意即我们只是管家而已，并不是这世界之主。我们所作所为需要向真正的主宰交账。"看守"是"照顾"、"保护"、"保管"的意思，这世界和其中的万物不是给我们残害或浪费的。神又让人为众生物起名（创世记二章 19-20 节），是人类的一个特点。动物虽然能对人类给它命的名有所反应，但它们自己，却没有彼此命名的本能。这是神给人类一个特别的尊严，我们每个人都有价值，都有尊

（廿四）失去的乐园

严的。造物主好牧人"按著名叫自己的羊。"（约翰福音十章3节）

唯一的警告

在这极乐的家园里，理想的生活是顺理成章，理所当然，实际而可行的，只有一个严肃的警告，就是"分别善恶树上的果子，你不可吃。"（创世记二章17节）。"分别"也作"知道"，这字在《圣经》里原文有三个重要的含义：一、经历性的知道，例如我说这苹果很甜，经历性的知道是咬了一口的知道，但是若是毒药就不得了。二、技术性的知道。真奇怪，为什么有人要学如何打劫银行？学了就有很大的引诱去做，这是我们天生的好奇，今日北美学校的性教育就是一例。三、判断或者分辨性的知道。就是自作主张，决定一样事情是好是坏，善或是恶。中文《圣经》翻译强调这一方面。事实上，人类有权决定物质世界里的律，哪一个是好，哪一个是坏么？科学上的研究岂不是都追求要发现这律而顺着这律而行么？在我们与造物主之间的关系，自我生命的处置，人际关系的决定，和在万物中的经营管理，我们是没有权自作主张，任意而行的，却要按着造物主原来的计划，永恒的原则从事。但是人偏爱要求有自由选择，神容许我们自己有自由去选择要照他的计划或者要照我们自己的意思，却不是没有给始祖警告的，他说："因为你吃的日子必定死！"（创世记二章17节），这里的"随意吃"和"必定死"是个语重心长，严肃的对照。原文可直译为"吃，你尽管吃"，"死，你尽管死"。一个人若不信地心吸力，故意从摩天大厦跳下来，跌死了，是自己惹祸，我们有谁能说："造物主为何造出如此残忍的律来？？？"，这维持万物周转的律，若故意违反，也必使自己受损伤。在我们生命的各方面，违反造物的自然律也同样会自取灭亡。违反物质的定律可以引致物质的伤害死亡，而违反属灵的定律则可以引致万物的败坏死亡。

下章我们还得看看神所造理想的家庭是怎么样的。

（廿五）理想的家庭

现代社会心理学对家庭生活的看法，原来从进化论的立场，家庭乐竟然是演进于几只猴子在那里抓虱子，难怪在现代家庭中，就是彼此吹毛求疵，男女争权，父子斗争，大人凶起来像个齐天大圣，小孩子顽皮起来，像一班小猴子，家庭看来象原始洪荒的动物园。

家庭生活的质素

这种野蛮的生活，难道真的是家庭中理所当然的么？家，难道就是个不得已要回去的旅舍么？是个热得要命的火药库么？是个冷若冰霜的雪柜么？是个吵无宁日的战场？或是噤若寒蝉的冷战地带？什么是家最重要的质素？十二岁的男孩子流离在大城市的红灯区说："我家里没有爱。"一位快结婚的青年男子说："我只希望有个充满爱的家。"离了婚的青年女子说："我在寻找一种不变的爱。"美国有一次统计调查，一周内，以手枪自杀的人，有两组年龄段的人最多；青少年与六十几岁的人，他们自杀原因：没有爱！这是现代人的悲剧。生活越科技化，越充裕，情就越薄。再加上"不法（暴力）的事增多，许多人的爱心便渐渐冷淡了。"这是主耶稣在二千年前预言了的，所以九岁的孩子会把五岁的孩子从高楼上掷下摔死。

原来的计划

其实造物主原来计划并非如此。人类受造时是照他的"形像"（即内涵）和"样式"（即荣耀）造的，所以每一个人都有他个别的尊严和价值，没有一个人是别人的附属品。神赐给人类的第一个人际关系，不是母子，不是兄弟，不是朋友，乃是夫妻。我们也指出进化论要解释两性的起源是十分牵强的，因为进化论说简单生物都是单性的。两只生物各自进化至男女性之差别并非小事，而经过如此不同的演变之后，它们的基因竟然仍能互相吻合，还可以交配生子！

独居不好

夫妻是要作伴的，可惜今日多少夫妻天各一方，各自追求自己的理想，同床异梦，结婚几十年后竟是陌路人。现代的人勉强同居，老伴互不交谈，连早安都没得说的，比比皆是。如今我们华人更是追上西方社会的离婚率。《圣经》〈传道书〉四章有段辛酸的话："有人孤单无二，无子无儿，竟劳碌不息，眼目也不以钱财为足；他说：我劳劳碌碌，刻苦自己，不享福乐，到底是为谁呢？这也是虚空，是极重的劳苦。"所以他需要个"配偶"。这字意是"一位与他有同样的地位与价值的，与他面对面站在一起"。男女的功用虽然不同，但《圣经》肯定了男女的地位是平等的。又说："然而照主的安排，女也不是无男，男也不是无女。因为女人原是由男人而出，男人也是由女人而出；但万有都是出乎神。"（哥林多前书十一章）神的安排是很实际的，他"使人沉睡"，"于是取下他的一条肋骨（原文作一边），又把肉合起来，耶和华就用那人身上所取的肋骨（一边），造成（设计）一个女人，领她到那人跟前。"（创世记二章），所以男女既是从同一个材料造的，遗传基因自然相同。

配偶帮助他

这是夫妻之间的功用，既然说帮助，明显被帮助者（男人）独居时有所不完全，有需要帮助之处。独行独断，唯我独尊的大男人，不单扼杀了妻子的成就，也把自己放在假老虎的痛苦里面。所以今日有不少心理治疗，强调男人"一场好哭"的释放性。"男儿流血不流泪"的原则叫多少男人心灵的疤痕不得解开。那互助的关系，在《传道书》四章有个好的描写："两个人总比一个人好，因为二人劳碌同得美好的果效。"夫妻在家庭，甚至在事业上分工合作本是美事，要紧的是彼此尊重，一同承受那功劳果效。可惜今天多少夫妻是，好的归我，坏的归你，连生下来的儿女，好的是像我家，坏的是像你家。不能说这是我们一同的，好的是彼此的努力，坏的是大家还要用功夫。"若是跌倒，这人可以扶起他的同伴；若是孤身跌倒，没有别人扶起他来，这人就有祸了。"。人生的道路总有坎坷的。从里面软弱时，我们的配偶是否可以扶起我们？丈夫灵性退步时，妻子是否能在祷告里，话语上，流露出爱的表现，把他扶起来？神所赐给我的配偶诚然成为我软弱中的力量、迷茫中的提醒、痛苦中的安慰。"再者，二人同睡，就都暖和；一人独睡，怎能暖和呢？"这是明显的，家必定要有温暖，因为那热力是爱，寒襟孤枕自然是冷清清的难成眠了。一对夫妻之间感情常常可以从他们儿女的反应中见到。君不见在一般正常有爱的家庭里，黄昏之际，连十几岁的儿女都喜欢挤在父母亲的床上，赖着不走。他可能平常不与父母亲交谈，但那一时间却不动声色地挨过来。对我们的家庭来说，那是我们家庭灵修大好的时光。一个人实在难，但是夫妻若有活泼生命的爱，外来的压力只叫彼此同心，共同奋斗。可惜今天不少家庭遭遇外来的压力时，立刻就崩溃了。夫妻各自在外面受了些气，就回家对亲人发泄，一个大好的互助机会，变成互相摧残了，原因是缺少了这段经文的最后一句："三股合成的绳子，不容易拆断。"当人际关系是建立在以造物主为中心时，他生命的力量，爱的火热，就把两下合而为一了。

二人成为一体

　　夫妻应当是一心一意，一致行动的。医学上我们见到父亲提供一半的遗传基因，母亲也提供一半的遗传基因，合在一起就产生了一个婴孩，是一个新的个体。家庭里，男家提供了一份子，女家也提供一份子，合在一起就为一个新的家庭单位。从此男家父母为我们的父母，女家父母也是我们的父母，对双方我们都同心地响应，同样的孝敬，这是理想的婆媳关系。

惟愿家家都可以回到天父原来的计划，成为爱之窝。

下章我们看看人类原始的家庭怎样给罪破坏了。

（廿五）理想的家庭

（廿六）问题来了

现代人面对的一个严重问题是基本家庭单位的崩溃。社会心理学家有些归咎于工业化的社会，破坏了以家庭为本的农业社会；有人归咎于现代生活之流动性，缺乏了归根朔源的向心力；更有人以为是对过去封建社会的一种反抗。

根在哪那里

《圣经》却很清楚地指出，根本是在乎人类离开了造物主原来的计划和供应。"因为爱是从神来的。"（约翰一书四章 7 节）今天多少家庭不知道甚么是爱，
青少年到处寻求爱，因为爱已经歪曲了、污染了。所以破裂家庭的孩子，长大了常常也会导致自己家庭破裂，因为未曾经历过真正的爱。《创世记》三章 5 节撒但（就是敌挡造物主的邪灵）游说人类："你们吃的日子眼睛就明亮了，你们便如神能知道善恶。"这是人类原来的罪：第一、就是要像神，自己要作造物主，以为自己可以供应自己（神一字原文作能力的源头。）第二、"知道"原文意思是"判断"的意思，所以禁果称为"分别善恶树"，就是要自己决定一件事物好坏，而不是客观地根据真理，就是造物主所定的原则，自己要做立法的主宰。谁不知竟把自己从生命和能力的源头切断了。这种我行我素，随着心中所喜好的和肉体的情欲去行的态度，岂不是我们每一个人的本性么？这是问题的根源。

我就害怕

《创世记》记载"他们二人的眼睛就明亮了，才知道自己是赤身露体。"人类原是在神权能的保护之下，带着他的荣耀

（创世纪一章"样式"指着神荣耀的形像），如今神的荣耀离开了，只见到彼此的软弱和污秽。因为自我的形像污染了，真我不见了，自暴自弃，作贱了自己，没有让造物主来肯定自己的价值，正如今日的光景。这样彼此就不能坦诚了，人际关系，甚至亲如夫妻，都要遮遮瞒瞒。对造物主，就是慈爱的天父，现在是害怕，"躲避耶和华神的面"。有多人不肯谈论造物主和永恒的事，因为"讲论公义、节制、和将来的审判，就甚觉恐惧说：你暂且去吧！"（使徒行传二十四章 25 节）　虽然如此，人类历史以来，神还是呼唤人说："你在哪里？"

是她作的

　　问题来了，始祖亚当的回应是："你所赐给我与我同居的女人，她把那树上的果子给我，我就吃了。"（创世纪三章 15 节），其实女人和撒但对话时，男人也在的，并没有提出异议。如今却不单把责任推在女人身上，还怪造物主给了他妻子！怨天尤人，这岂不是今天人类仍有的态度么？女人也是一样，一口推给撒但："那蛇引诱我，我就吃了。"说，都是因为有魔鬼我才会犯罪。其实都是自己亲手做的，自己的心下了主意，自己的口说了，自己的脚走上了这道路。《圣经》说"但各人被试探，乃是被自己的私欲牵引诱惑的。"（雅各书一章 14 节）认错实在是不容易，今日有多少的纠纷，只要各人真诚的认错道歉，自然迎刃而解，但是多少人的道歉是："对不起，我又发脾气，你若不讲那句话语我就不会了！"连自己发脾气都怪上了别人。

仇敌是谁

　　《圣经》从开始就告诉我们人类真正的仇敌是撒但，或称魔鬼，就是敌挡造物主的邪灵，在《创世记》第三章以一条蛇的样式出现，它的心愿就是要破坏神在爱中的杰作——人类。这关系特别强调女人，从此人类历史中，人们在撒但的欺骗之下对女人的摧残比比皆是，从华人清朝的缠足至泰国的童妓，以至无数家庭里的虐妻，都是真实的例子。人类既然自作主张，不要造物主，彼此的关系就不正常了。神对女人的话是："你必恋慕你丈夫，你丈夫必管辖你。"夫妇本来是平等互助的（配偶帮助他），现在是互用心计，不择手段。"恋慕"或作"缠住"，有多少女人不知道甚么是真爱，也缺少有生命的爱，要用物质、巧计、色情来缠住赢得男人的爱。结果是失望了，不能坦诚相对，彼此尊重，纯真地相爱。家便变成勾心斗角的战场，儿女受害，长大后继续这恶性的循环。但是神却留下一线曙光，他对蛇说："女人的后裔（单数）要伤你的头，你要伤他的脚跟。"（创世纪三章 15 节），从女人而出的后裔，虽然撒但要伤他的脚跟，他却要伤（压碎）撒但的头。四千年后，神的儿子耶稣基督诚然"为女子所生"（加拉太书四章 4 节），仇敌撒但在十架上咬了他脚跟，但是透过主在十架上的钉死，他却压碎了撒但的头！

生命的苦楚

《圣经》〈创世记〉三章继续提到人类因罪（就是把自己从造物主生命和能力的源头切断了）的苦楚，两方面都是与生命有关的。先是女人有怀胎和生产的苦楚。生养众多原是神祝福，带进新生命，原是个快乐的庆祝。但是如今生命已经不完全，有死亡败坏的因素进来了，生命的产生成为一场斗争，是苦楚的。医学界到如今仍然不能完全把怀胎和生产的苦楚除去，虽然有各种的药物可以稍为减轻苦楚，但却不是没有副作用，所以今日文明的西方社会又在喊"自然生产"（natural childbirth）的口号。对男人有话说："地必为你的缘故受咒诅；你必终身劳苦（苦楚），才能从地里得吃的"。人类既是地的管理者，他们的决定自然影响了地，叫败坏死亡的咒诅也临到地了，所以"天地都要像衣服渐渐旧了。"（诗篇一百零二篇26节）"受造之物仍然指望脱离败坏的辖制。"（罗马书八章21节）这是维持生命的苦楚。本来我们的生命有能源之供应，取之不尽，用之不竭，在那原始的乐园里，各种悦目可口的果树，包

107

括那供应生命的生命树，是神叫它们长出来的。现在"必终身劳苦"，"汗流满面才得糊口"，地需要耕种，不然就长出荆棘和蒺藜来。人类本来"管理看守"，轻而易举，但是现在变成要劳苦担重担，这是人宁可不要生命（不吃生命树的果子），而选择要自己成为神（吃了分别善恶树之果子）的结果。直到如今人类管理世界还是"挖肉补皮"、"满目苍夷"、环境被污染、能源的滥用、水源被糟蹋、动物被残杀等，都是因为人离开了造物主，就没有能力、方向和原则了。

（廿六）问题来了

(廿七) 初信者参考资料

决志邀请耶稣做救主的祷告

亲爱的天父，我赞美您，
耶稣基督，我感谢您。
您是创造宇宙的真神，降世为人，
因为您爱我，
为我的罪死在十字架上，
流宝血洗净我一切的不义，
从死里复活，叫我得新生命。
我诚恳的请求您，
请主耶稣基督进入我心中，
做我的救主，管理我的一生，
请您赦免我的罪；
就是我自作主张，没有遵从您的话。
从今以后，我要遵从您的话。
求您赐我永生，就是您的生命。
赐我圣灵，引导我进入真理。
赐我您的平安和喜乐，
让您的爱充满我的心，
求您看顾我的家，叫我们全家归您，
享受您的爱，带领我的前途。
我这样祷告，
是奉主耶稣基督的名求，
阿们。

初信者参考资料

若你已经诚恳的邀请了耶稣基督成为你个人的救主和生命之主宰，已经请他赦免你的罪，也愿意悔改归正。下面一些资料可以帮助你明白一些常用的词句：

天父：我们的生命是创造主所造的。他爱我们，是天上的父亲。

耶稣：大约二千年前，有一婴儿诞生在犹大地的伯利恒城，他名叫耶稣，是天使传讯要他养父约瑟给他起的名字；意思是救主，因他要将自己的百姓从罪恶里救出来。耶稣是从天父而来，他与父原为一。

基督：受膏者之意思。犹太人差派某人当国王，祭司或先知都以膏油倒在那人头上为记。"基督"和"弥赛亚"同是受膏者之意。基督是希腊文，弥赛亚是希伯来文，即奉差遣者。耶稣是这位奉差遣来完成救恩者。他兼有国王、祭司、先知三职。国王 —— 他是万王之王，因他是造物主。祭司 —— 他为我们代求，作人神之间的中保。先知 —— 他传达天国的真理。

真神：神 —— 大能者，一切能力从他而来。只有创造宇宙的主才是真神。因万物是他造的，所以万物也是属他的，除他以外，别无真神。他是生命之源，我们的生命是他造的，他是管理天地的主。

降世为人：耶稣本在天上极美之处，但他为爱世人，自愿降世为人，取了人的形状，但是，他虽有罪身（我们）的形状，却是无罪。耶稣的历史性是无可否认的，全世界都公认。在一千九百多年前有这么一位奇妙的人出现在历史上，所以全世界公用他的降生为划时代的纪元。今天每次我们写信，写支票或任何文件都有意无意的纪念他的降生。

耶稣爱我：耶稣的降生是爱的表现，他的一生也传达了他爱世人。他的代死更是显明了他的爱。

为我的罪死在十字架上：耶稣自己并没有罪，这是他的朋友和仇敌者同意的。他为我们的过犯受害，以自己做赎罪祭，义的代替不义。十字架是历史上用了约二百年的一种残忍酷刑。受刑者被钉在十字形的架上，极其痛苦，慢慢的死（几天），但这死法却是圣经在耶稣之前千年就预言，他要被举起来，手脚被扎，骨头脱节，但骨头一根也不折断。

流宝血洗净我一切的不义：耶稣为我们流血，以这血立了新的约。这约立了，不能改。任何人承认耶稣是为他流血，上帝就照着这约洗净这人一切的不义。凭着耶稣的血，借着人的信，显明上帝的义，也称信耶稣的人为义。耶稣是赎罪"羔羊"。羔羊盖在"我"之上即成"义"。

从死里复活：犹太人的历史家，就是与耶稣同时代的历史家，他并不是耶稣的朋友，但是他很客观的记载了耶稣复活的史实。当代还有很多的见证人，目睹耶稣死而复活后升天。耶稣是历史上唯一死而复活后，没有死的人。

叫我得新生命：耶稣的复活，证明他是生命之主，也证明他已胜过罪的权势 —— 死亡，他是那造生命的永生上帝。在耶稣基督里的人也都要复活，胜过死亡。圣经说："若有人在基督里，他就是新造的人，旧事已过，都变成新的了。"

诚恳：造物主尊重你我，将决定的主权给你我，没有任何人可以为你作决定，你必须为你自己作出决定，我也是如此。当你诚恳邀请耶稣时，他就允许你的请求。

进入心中：心是代表整个人。

做我的救主：救我从罪恶里出来，救我从抵挡上帝的魔鬼手中出来，救我进入他里面，他比万有都大，谁也不能从他手里把我们夺去。主 —— 主人的意思。

管理我的一生：我们是请耶稣做救主，做我一生的主人，不是仆人，所以我的生命交给他管理。他是我生命的主人。我不是说："耶稣，你替我做"，而是说："耶稣，你要我做甚么，我愿意遵从您。"

赦免我的罪：罪 —— 没有达到标准。我没有达到造物主的标准，请他赦免。

自作主张：自立标准，自我中心；我觉得好，我喜欢，我就去做。

没有遵您的话：造物主有话留下《圣经》。定下做人的标准。我们没有遵从，甚至没有去读，所以我们就会自作主张，我行我素。个人的问题，家庭的问题和社会的问题，都基于此。他是创造宇宙万物的，他才知道世界如何处理，人生如何处理。我们不遵从他的话，自以为聪明，但其实我们不够聪明，所以无法处理得完美，就如处理汽车，如果我们不遵从造车者的话（车子是他设计，他知道如何处理）应该用无铅汽油我们不用，用了牛乳，车子就有毛病了。人生也是如此，唯有遵从造物主的话，才能美好，免受亏损。

从今：悔改，改变方向，立志。

遵从：真信心必有行动，遵从才是真信。

永生：我们一请耶稣基督为救主，他的生命就进入我们。他的生命是永远存在的，所以我们也得到永生。意即，我们也得到那能够生存在上帝国度里的生命。

圣灵：真理的灵要在我们里面；引导我们进入真理，叫我们想起耶稣的话，照着天父的旨意，为我们祷告，叫我们明白《圣经》的话，提醒我们遵从《圣经》的话造物主（神、上帝）是一位，但《圣经》介绍他为圣父、圣子、圣灵三个位格。我们有限的头脑未能完全了解无限的上帝，我们只能接受他的自我介绍。圣父、圣子、圣灵是一神、一名、同等、同荣。（受洗时奉圣父、圣子、圣灵的名，这名是单数的）因人智能有限，未能了解无限的造物主所以描述为"三位一体"；就如我们描述"地心吸力"，并不表示我们了解。

引导我进入真理：耶稣应许请他为救主的人，就得他差来的圣灵。圣灵要引导我们进入一切的真理，指教我们一切的事。

平安：耶稣应许跟从他的人有平安。他留下平安给我们。他将他的平安赐给我们。我们可以凡事借着祷告、祈求和感谢，将我们所要的告诉他，他会赐给我们出人意外的平安，在基督耶稣里保守我们的心怀意念。在世上虽有苦难，但我们可以放心，因在主里有平安，他已胜了世界。

喜乐：耶稣应许信他的人有喜乐，这喜乐也没有人能夺去。

爱：我们信耶稣，是与他建立爱的关系。他爱我，为我舍命，解决我因罪而有的问题和损伤。我爱他，愿意以他为主，遵从他的话。"爱是恒久忍耐，又有恩慈；爱是不嫉妒；爱是不自夸，不张狂，不做害羞的事，不求自己的益处。不轻易发怒，不计算人的恶，不喜欢不义，只喜欢真理。凡事包容，凡事相信，凡事盼望，凡事忍耐，爱是永不止息。"(哥林多前书 13 章 4-8 节)

家：家是造物主所设立的，为了我们的益处。但今天有多少家庭成为痛苦的源头，这都是因为人没有遵从设立家庭者的设计，自作主张，自以为是，用自己的方法来处理，所以家变成了苦海。现在在我们回头是岸，不再自作主张，而是遵从主的话，家可以成为爱之窝。

全家归您：这是多好的事，全家遵从主的话，不再各自为政，任意而行，全家以基督的心为心。如果你是家中唯一一位信耶稣的，那么你是福气的导管，让耶稣改变你，叫你成为一位像耶稣的人，满有仁爱、喜乐、和平、忍耐、恩慈 良善、信实、温柔和节制。家人看见你的新生命，也会羡慕。

前途：没有人知道前途如何，但爱我们的造物主掌管一切，让他带领，他应许叫我们有前途，有希望。因为他向我们所怀的意念，是赐平安的意念，不是降灾祸的意念。

奉主耶稣基督的名：耶稣应许我们奉他的名求，他必成就。当然这不是说，我们求任何甚么，只要加上这么一句，他就必成就我们所求的。因为奉他的名包括"在他的范围里"和"照他的旨意"在内。

阿们："实在"、"真实"之意。我是真诚的祈祷，耶稣是真实可信的。

享受神的爱：你已经接受了耶稣的救恩和他永远的爱，从此可以在每天的生活上享受他的爱。要享受他的爱也必须爱他，因为爱是双方面的。

如何爱神？ 耶稣说："你们若爱我，就必遵守我的命令。有了我的命令又遵守的，这人就是爱我的。爱我的必蒙我父爱他；我也要爱他，并且要向他显现。"（约翰福音十四章 21 节）

起步："有了我的命令"：每天读神的话才知道他的命令。请读最基本的命令：十诫（出埃及记二十章 3-17 节）。"你要尽心，尽性，尽意，尽力，爱主你的神，其次是爱人如己"（马可福音十二章 30-31 节）。

实行：请先读马太、马可、路加、约翰四福音，连读多次。熟悉耶稣生平，知道他的言行思想，在日常生活以他为榜样。每事自问："要是耶稣在我的处境，他会说甚么？做甚么？他会要我说甚么？做甚么？"

沟通：整天与神保持联络：整天祷告"将一切挂虑卸给神。他顾念你，会赐给你喜乐平安"请读腓立比书四章 4-7 节。

读《圣经》：《圣经》是神给我们的话，是真理，也是最高的权威让你熟悉"神口里所出的一切话"。四福音熟悉之后继续读新约和旧约，读的越多次越好。有时快读可知道大意，有时细读则可知道详情。每次读完一段就自问："这段讲甚么？"、"有甚么意思？"、"与我何关？"。读之前祷告请耶稣指示教导，读后祷告响应刚才所读的。愿赐平安的神亲自使你们全然成圣，又愿你们的灵、魂与身体得蒙保守，在我们主耶稣基督降临的时候完全无可指责。那召你们的本是信实的，他必成就这事。

（廿八）附一 进化论与创造论的基本区别

	进化模型	创造模型
1	物质的来源 无创造者	物质的来源 有创造者
2	进化仍在进行 复杂度 ↗ 组织度 ↗	创造已经完成 不增，不减 A. 好 B. 各从其类 C. 死亡 ∴ 复杂度 ↘
3	地球变化： 古今一致 速度一样 "现在是过去的钥匙"	地球上变化： 剧烈性的变化 具有影响力： A. 死亡　（创3章） B. 洪水　（创7章） C. 地分开　（创10：25）

（廿九）附二 进化论与创造论的基本预测

	进化模型	创造模型
1 生命来源	无生命到有生命	生命 → 生命，各从其类
2 各种生物	不断演变	不变他类，各从其类
3 新 类	不断出现	因各从其类无新类 因死亡因素有绝种
4 基因突变	有益生物 更适生存	有害生物，生存力弱 因原来设计：好
5 天 择	有创造力 导至新类	有维持力 维持原来的设计
6 化石记录	有无数过渡生物 不完整到完整	没有过渡生物，类与类别 之间有跨不过的鸿沟 因各从其类，完整突然出现
7 人的来源	猿到人	独特的创造
8 地球年龄	极长久	不必极长，视创造者能力

后　记

真理与自由思想

主耶稣基督说:你们必晓得真理，真理必叫你们得以自由。"

(约翰福音八章32节)

真理和传媒

一份好的公共传媒，要毫无偏见地报导真情实理，好让读者自己做个合理的决定。自然，作者，编者也可以加上自己的意见和结论，这是理所当然的。但是单单讲说自己的一套，无论是假设，或是讲一种的意境，而没有陈列事实的证据，那就可能成为一种看法的鼓吹和宣传了，甚至于会给人认为是偏见、迷惑，或是欺骗。我相信一般的传媒，多数存着报导真理的忠诚。报章应该是人民的喉舌，指责邪恶，暴露虚伪，宣扬正义，这是历年来，从事报业者的崇高理想。公共传媒的第一个责任，应该是报导事实。这叫做客观的态度。一个明显的例子，就是抗日时期，在中国的一些德国记者。当时，德国与日本，是轴心联盟的同盟国。日本侵略中国时，这些德国记者，自然可以随日军所到之处采访了。一个这样的记录，就是震撼心弦的南京大屠杀摄影记录。这些照片被收成集，珍藏与香港大学之图书馆。笔者就读香港大学医学院时，曾经参阅过，留下不可磨灭的印象。其中一张赢了布理者奖(Pulitzer Prize)的照片，对我个人，引起了无限的共鸣和感触。那就是一个周岁的男孩，独自坐在南京的街

119

道上哭。后面是断墙残垣烽火满天。他正是和我同年生。不过据说这孩子，后来被那德国记者领养了。也是不幸中的万幸。数年前，在日本多次否认南京大屠杀之一次，这德国记者还在世，他就慨然地公开指责日本，不该推卸她的罪行。这是忠贞传媒的一个可歌可泣的事实。可惜我没有记下他的名字。有心人当可以查考得到。

　　自由报导，自然是传媒报导真理的必然条件了。一个自由而尊重人权的国家，一定不会限制和压抑传媒报导真情的。一个好的传媒，也不会限制和压抑它的记者报导真情的。虽然如此，我们也要看到另一方面。国家或是传媒，也有责任监督一般传媒的报导，以免有不真，不确，或是有意，或是无意的中伤，毁谤不负责任的报导。虽然如此，人总会问，事实报导出来，有否可能被个人的观念，背景和色彩影响了？正如两千年前，彼拉多在审问耶稣时，所说的名句："真理是甚么呢。"（约翰福音18:38）主耶稣在《约翰福音》八章32节，给了我们一点简单明了的原则。

晓　得

　　认识真理的先决条件，要求有信息，就是晓得自己在讲甚么。就如911事件之后，我曾经在香港见到，一份有名气的报纸上的专题报导，提到以色列地时，竟然说，那里的四大宗教(意则犹太教，伊斯兰教，天主教和基督教)，都是相信耶稣基督的。这么基本普通的和历史的常识，也都搅错了，可不贻笑大方？笔者在温哥华《真理报》本栏里，先是在"科学与真理"的系列里，从十大方面，探讨宇宙和生命的起源。从科学的证据上，比较进化论的模式和《圣经》的模式。从《真理报》创办以来，尽可能从科学的事实，去了解《圣经》的真理，也尽可能以深入浅出，平易近人的方式来讨论起源的问题，特别是生命和生物的起源。笔者的生物科学之背景，自然是有一点帮助。但是我们却觉得，还是需要直接地参考各种的资料。就如：进化论的书籍，杂志，各处著名的科博馆，各处研究古代生物的文物重点。所以我们上了12,000英尺的高山，也下到海拔以下的深谷。考察了刚爆发不久的火山，也步行过晶莹的冰河。又细细探讨了北京人，尼安的塔人，恐龙与巨人的脚印共存等等的古迹。目的为的是，要避免闭门造车，纸上谈兵，就如有些人一般。另一方面，也希望带给读者们，一点有趣味性的山海经。目的只在乎分享和共同探讨。若是在过程中，有读者因此而认识了我们所敬拜的，真正独一的创造主，那自然是我心所愿。不然，有一点思想和信息的交流，也是一乐事也！

另一方面，我们在目前"《创世记》再思"的系列里，我们特别从《圣经》本文所说的话，来与科学上的证据对比。因为正如有些人，谈科学，信进化论，却不了解科学的基本原则，也不晓得进化论说甚么。讲出来，就可能是自己的观念，并非科学的事实，也不是时下进化论的看法。同样地，有些人对《圣经》的看法和解释，有可能只是二手地听来，到底圣经是在说甚么，《圣经》原文甚么意思，都没有搞清楚。这两个毛病，基督徒和非基督徒，都有可能犯上的。如此的基督徒，有可能盲目地相信，未能"心里尊主基督为圣。有人问你们心中盼望的缘由，就要常做准备，以温柔敬畏的心回答各人。"（彼得前书三章15节）甚至于被未信者看为迷信，不讲证据和事实。另一方面，犯此毛病的非基督徒，也有可能盲目地反对，坚持自己主观的一套，既不合科学的事实，也滥说圣经的看法。就如有一位老先生，还坚持着生命是从死物泡出来的！其实这15世纪"自然产生论"的看法，早已19世纪被著名的法国科学家，巴思特推翻了。又如有些人还嗤笑《圣经》说地是平的，却不知道，圣经早在2,500年前说："神坐在地球大圈之上。"（以赛亚书四十章22节）又在3,500年前说：神将北极铺在空中，将大地悬在虚空。"（约伯记二十六章7节）

是的，要认识分辨甚么是真理，需要先有基本的信息。有些人曾经对我说，"从来没有人告诉我，信耶稣，到底是怎么一回事。也没有人告诉我，《圣经》可信的证据是甚么。我如何能信呢？我要说，我完全与这种人认同。不过我希望你愿意真诚地寻求。主耶稣应允说："你们祈求，就给你们。寻找，就寻见。叩门，就给你们开门。因为凡祈求的，就得着。寻找的，就寻见。叩门的，就给他开门。"（马太福音七章7-8节）

自　由

后
记

要认识真理，我们必需脱离背景的捆绑，过去传统的捆绑，自我偏见的捆绑，和现实利害关系的捆绑。这就是科学客观的态度了。就如我们在讨论科学方法的时候所指出的。科学的态度要求：如果我们的假设，与实验的结果不符合时，该修改的，是假设。换句话说，我们要改变我们的看法，来适应现实的证据。我这话，不单对非基督徒说，也对基督徒挑战。如果《圣经》所介绍的，是真正的创造主，他的挑战说："耶和华阿，你的话安定在天，直到永远。"（诗篇一百一十九篇89节）科学越发达，信息越多，就应该越发支持圣经所说的话。真理应该是越问越真的。但是面对了真理，却要求有行动性的反应。正如摩西当日对以色列人的话："我今日呼天唤地向你作见证。我将生死祸福陈明在你面前，所以你要拣选生命"（申命记三十章19节）。